# Temor e tremor

# TEMOR E TREMOR

## Soren Kierkegaard

*Tradução e prefácio*
*Torrieri Guimarães*

Direitos reservados à EDITORA NOVA FRONTEIRA PARTICIPAÇÕES S.A.

Coordenação: Daniel Louzada

Conselho editorial: Daniel Louzada, Frederico Indiani, Leila Name, Maria Cristina Antonio Jeronimo

Projeto gráfico de capa e miolo: Leandro B. Liporage
Ilustração de capa: Cássio Loredano
Diagramação: Filigrana

Equipe editorial Nova Fronteira: Shahira Mahmud, Adriana Torres, Claudia Ajuz, Tatiana Nascimento

Preparação de originais: José Grillo

CIP-Brasil. Catalogação na fonte
Sindicato Nacional dos Editores de Livros, RJ

K59t

Kierkegaard, Soren, 1813-1855
　　Temor e tremor / Soren Kierkegaard ; tradução e prefácio Torrieri Guimarães. - [Ed. especial]. - Rio de Janeiro : Nova Fronteira, 2012.
　　　　(Saraiva de Bolso)

Tradução de: Frygt og Baeven
ISBN 978.85.209.3065-6

1. Fé e razão 2. Filosofia e religião 3. Deus. I. Título. II. Série.

CDD: 210
CDU: 21

## Livros para todos

Esta coleção é uma iniciativa da Livraria Saraiva em parceria com a Editora Nova Fronteira que traz para o leitor brasileiro uma nova opção em livros de bolso. Com apuro editorial e gráfico, textos integrais, qualidade nas traduções e uma seleção ampla de títulos, a Coleção Saraiva de Bolso reúne o melhor da literatura clássica e moderna ao publicar as obras dos principais autores brasileiros e estrangeiros que tanto influenciam o nosso jeito de pensar.

Ficção, poesia, teatro, ciências humanas, literatura infantojuvenil, entre outros textos, estão contemplados numa espécie de biblioteca básica recomendável a todo leitor, jovem ou experimentado. Livros dos quais ouvimos falar o tempo inteiro, que são citados, estudados nas escolas e universidades e recomendados pelos amigos.

Com lançamentos mensais, os livros da coleção podem acompanhá-lo a qualquer lugar: cabem em todos os bolsos. São portáteis, contemporâneos e, muito importante, têm preços bastante acessíveis.

Reafirmando o compromisso da Livraria Saraiva e da Editora Nova Fronteira com a educação e a cultura do Brasil, a Saraiva de Bolso convida você a participar dessa grande e única aventura humana: a leitura.

Saraiva de Bolso. Leve com você.

# Sumário

Prefácio .................................................................. 9
Prólogo ................................................................ 15

Atmosfera............................................................. 19
Elogio de Abraão................................................. 23
Problemata – Efusão preliminar ......................... 32
Problema I – Existe uma suspensão teleológica da
    moralidade?.................................................... 61
Problema II – Existe um dever absoluto
    para com Deus?............................................... 75
Problema III – Pode moralmente justificar-se o
    silêncio de Abraão perante Sara, Eliezer
    e Isaac?............................................................ 89

Epílogo ............................................................. 127
Notas ................................................................ 131
Sobre o autor .................................................... 139

# **Prefácio**

Amigo leitor!

Convido-te a realizar a terrível descoberta que eu mesmo fiz, deixando o geral e ingressando no absoluto, como astronauta que abandona as limitações da terra para, de improviso, sentir-se apossado pelas forças básicas do universo que ele quer desvendar — e então descobre que essas forças cósmicas, que sustentam toda a criação, são as mesmas que compõem o seu espírito!

Porque, se nós não existíssemos, o próprio Deus não poderia ter existência real, e a sua criação é, assim, a sua mesma justificativa. Se é verdade que a alma deve resgatar todos os seus sonhos, para fazer-se eterna, o supremo Pai deve resgatar também todos os seus seres, para concluir a sua obra. Porque os homens são os sonhos da alma do Pai. Deste modo, nós estamos, desde toda a eternidade, salvos. Entretanto, o nosso retorno à casa do Pai, como nos ensina a parábola do filho pródigo, é dificultado por nós mesmos, que nos detemos em todos os vãos prazeres, que nos afastamos sempre mais, procurando novas sensações e esquisitas delícias, que nos empobrecemos (no sentido espiritual) sempre mais à medida que nos distanciamos da fonte de toda sabedoria. Assim filhos pródigos somos todos nós que um dia deixamos a Casa do Pai, dissipamos todas as nossas riquezas, para tornar, suplicantes, e sermos recebidos com o antigo carinho, que não se deslustrara com o tempo.

Melhor guia espiritual para empreender essa descoberta, temo-lo em Kierkegaard. É preciso, entretanto, como ele mesmo ensina, viver a nossa vida integralmente em todos os seus instantes, porque assim estaremos pondo em movimento aquelas forças que constituem o nosso ser, e que estão em relação absoluta com o absoluto. Entretanto, o desígnio da existência, o fim para o qual existimos, a manifestação, permanece no enigmático, e o existir apenas tem algum sentido enquanto nele está a presença divina; esse enigma não pode ser resolvido pela reflexão, e nem existe mediação possível entre a existência e o ser absoluto. Aí está a dramática relação da existência com a divindade; não há comunicação possível, o homem existe porque aceita plenamente a sua responsabilidade de existir e de desenvolver em seu espírito aqueles movimentos ideais que o possam ligar aos secretos desígnios da criação.

Portanto, justifica-se o silêncio de Abraão. Ele não pode falar, compete-lhe apenas obedecer aos secretos desígnios de Deus, e oferecer seu próprio filho em holocausto, ainda que o seu coração se rompa de angústia no peito. No alto da montanha de Morija, que lembra tantas outras montanhas onde Deus se comunicou aos homens, Abraão, como indivíduo, está sozinho diante do eterno. Não lhe podem valer a sua sabedoria, a sua hierarquia social, nem os ritos religiosos existentes (e os que venham a existir, se cada um de nós se colocar no papel de Abraão) — porque a opção é inteiramente sua, ele deve realizar-se, deve escolher a sua diretriz e dar o seu salto no desconhecido. Essa decisão, que é um comportamento existencial ditado pela vontade individual, constitui a prova. Em que instante, porém, de sua existência, o homem vence a sua prova: quando a recebe, com ânimo disposto a cumpri-la, ou quando a cumpre, independente de todas as injunções que seu espírito sofra, das relações humanas e do conflito de seus próprios sentimentos?

Kierkegaard afirma, peremptoriamente, que não é um filósofo; é um homem que reflete sobre a existência e as ligações que com ela tem a divindade. Entretanto, a reflexão, do modo como a interpretou Hegel, não garante o conhecimento da verdade, porque, em meu entender, ela não é uma coisa que se possa conhecer, mas sim que deve ser vivida em toda a sua substância. Daí porque Kierkegaard era contrário a toda sistematização filosófica e, partindo do sentimento religioso ou da subjetividade religiosa, da alma, apresenta o homem como ser desesperado para quem a ciência é inútil. O estádio religioso é o último salto que Kierkegaard empreende para interpretar-se e dar um sentido à existência. Nessa nova experiência, luta contra si mesmo e depois contra todos os obstáculos que impeçam o desabrochar da verdadeira vocação religiosa. Atira-se assim contra o cristianismo corrupto e contra os corruptores do cristianismo, acastelados na sua Igreja, como num castelo forte de senhores medievais. É assim que ele declara a luta franca contra Hans Martensen, professor de teologia, que traçara o elogio fúnebre do bispo Mynster, defendendo a verdadeira noção de cristão: "Capaz de oferecer real testemunho da verdade é o homem vergastado, maltratado, que arrastaram de prisão em prisão e que, por fim, após terem crucificado, decapitaram e queimaram na fogueira ou grelharam como torresmo; aquele cujo corpo inerte foi enterrado pelo algoz — pois é assim que se trata ainda mesmo o cadáver de uma testemunha da verdade". Aí está, portanto, o paradoxo do deus-mártir, que para compreender precisaríamos possuir a fé pura dos primeiros apóstolos, e não nos deixarmos possuir, hoje, pelos mesmos sentimentos de descrença daqueles homens (talvez alguns aos quais o Cristo dera pernas e olhos, apiedado de seus sofrimentos, e que agora vinham rir-se dos padecimentos dele, ao pé da cruz) que o incitavam a descer da cruz, provando assim que era Deus. Se esperamos que o impossível se atinge pelo absurdo da esperança, devemos nos esforçar por tornar inteligível o paradoxo da fé; e para chegarmos a essa fé pura, devemos realizar em nosso espírito o movimento da resignação infinita. Esse esforço por compreender o paradoxo da fé, e transformá-lo em ato definitivo, claramente humano — é vivido por Kierkegaard com toda a força de sua convicção religiosa, em todos os instantes de sua existência, em que ele busca integrar-se no sentido das forças cósmicas e identificar-se com a divindade. Entretanto, desse esforço de reflexão, sempre que atinge o cerne de um problema, ali também se instala a dúvida, e gera-se do seio de sua própria convicção, com seu cortejo de angústia e desespero.

Assim, Kierkegaard, que negava a eficácia de qualquer filosofia para desvendar o homem a si mesmo, deixou a raiz da filosofia existencialista, na qual a dúvida de toda certeza, a angústia do sofrimento interior, o desespero de estar fora do âmbito da verdade, sempre perseguida e sempre afastada pela dúvida, constituem os fundamentos. Representando a crise do espírito, no momento dramático em que deve realizar o seu salto para a plenitude, e percorre toda a gama de seus conhecimentos, sentindo-se vazio e inútil, a filosofia existencialista vive mais intensamente também nas horas de crise da humanidade, como durante a Segunda Grande Guerra Mundial, na perturbação dos sentidos, na conflagração dos sentimentos desajustados com a realidade. E ainda hoje, em seus elementos básicos de busca da realidade, de afirmação da personalidade, de deflagração da angústia de realizar-se, isto é, de estabelecer a sua opção em face da existência — ela continua a desenvolver-se na base de todas as gerações, assumindo diferentes aspectos em cada país, porém fundamentalmente idêntica em seus propósitos.

A existência de Soren Kierkegaard foi, desde a sua infância, perseguida pelas decepções, pelos sofrimentos, pelas crises agudas. Num espaço de apenas vinte anos vê desaparecerem dois irmãos e três irmãs, e depois, finalmente, sua própria mãe. Exercendo o ministério pastoral, devolve ele à sua noiva Regina Olsen o seu anel de noivado. Todos esses fatos, analisados a distância, porém à luz de suas mesmas obras, onde é comum notar-se a influência marcante que exerceram (sobretudo aquilo que poderia representar Regina Olsen), parecem configurar definitivamente a personalidade de Kierkegaard, que sente a irresistível necessidade de voltar-se para a vida interior, de perscrutar os escaninhos de sua alma, de desenterrar as verdades eternas que Deus imprimiu nela, como o selo da divindade do homem. Evoluindo assim da estética para a ética, e atingindo o estádio religioso, Soren Aabye Kierkegaard tornou-se um lutador intemerato do reino cristão, terçando armas em defesa da legitimidade do direito que o ser humano tem de realizar em si mesmo o martírio redentor, da angústia secretamente sentida, do desespero cultivado na sabedoria, da comunicação secreta, íntima, absoluta com o seu Criador.

Esta a mensagem existencial de Kierkegaard. O modo como cada um do nós deve realizá-la não lhe diz respeito. Ele apenas acompanha Abraão até o momento decisivo, do cume da montanha de Morija, e lá o deixa com a sua opção. Também deixamos ao leitor o direito de optar.

*Torrieri Guimarães*

# Prólogo

*Aquilo que Tarquínio, o Soberbo, queria significar com as papoulas do seu jardim, o filho compreendeu-o, porém o mensageiro não.*
Hamann

Verifica-se nesta época uma real liquidação que atinge tanto o mundo das ideias como o mundo dos negócios. Tudo é adquirido por um preço tão vil que se pode indagar se, depois disso, ainda haverá quem compre. O árbitro da especulação, com muita consciência aplicado em apontar as fases mais expressivas da evolução da filosofia, o professor, o mestre de estudos, o estudante e por fim o filósofo, autodidata ou formado, não permanecem na dúvida radical, vão ainda mais distante. Impróprio seria, indubitavelmente, indagar-lhes aonde pretendem chegar, porém ter-se-á dado prova de honesta cortesia aceitando como verificado que de tudo duvidaram, visto que, de outro modo, seria estranho afirmar que vão mais longe. Todos eles realizavam esse ato prévio e, de acordo com as aparências, com facilidade tão grande que não julgam preciso dar uma ligeira explicação. Inutilmente se procura, com infinito cuidado, uma débil luz, um pequeno indício, a mais singela prescrição dietética a respeito do procedimento que se deve seguir nesta fabulosa tarefa. "Contudo, alguma vez Descartes o fez?" Deste pensador digno de veneração, humilde e leal, não haverá quem deixe de ler os escritos com a mais profunda emoção; Descartes fez aquilo que afirmou e afirmou tudo quanto fez. Ah! Ah! aí está uma coisa inaudita em nossos dias! Descartes não teve dúvidas em matéria de fé, como ele mesmo incansavelmente repete em diversas passagens; "Não devemos ser de tal modo presunçosos que creiamos que Deus nos tenha querido dar conhecimento de suas resoluções... Teremos, principalmente, como regra infalível que aquilo que foi revelado por Deus é sem qualquer comparação mais verdadeiro do que tudo o mais, para que, no caso de uma faísca de razão nos parecer sugerir ideia diferente, estejamos prontos a submeter o juízo ao que venha de sua parte..." (*Princípios de filosofia*, Primeira parte, §§ 28 e 76).

Não impôs a todos que fossem obrigados a duvidar, nem proclamou a sua filosofia veementemente pois era um pensador tranquilo e solitário e não um guarda-noturno com a função de dar alarma. De maneira modesta, confessou que o seu método apenas para ele tinha importância, e que de certa maneira o concebera em razão da confusão dos seus conhecimentos já adquiridos. "A minha finalidade não está aqui em ensinar qual o método que cada qual deve seguir para dirigir bem a razão, porém sim somente mostrar de que modo pude dirigir a minha... Assim que finalizei o curso de estudos com o qual se costuma ser recebido na categoria dos doutos, mudei completamente de opinião, pois achei-me de tal modo embaraçado pelas dúvidas e erros que me pareceu não ter conseguido outro proveito, tratando de me instruir, a não ser descobrir cada vez mais a minha ignorância" (*Discurso do método*, Primeira parte). Disto os gregos antigos fizeram, um tanto conhecedores de filosofia, encargo para toda a existência, visto que a prática da dúvida não se alcança assim em escassos dias ou poucas semanas. Tal era o resultado alcançado pelo velho combatente já retirado das lutas, após ter guardado o equilíbrio da dúvida entre manhas e astúcias, de ter negado de modo infalível a certeza dos sentidos e do pensamento, de ter, finalmente, desafiado, sem tergiversações, os tormentos da vaidade e as insinuações da simpatia — encargo que a todos e para todos serve como iniciação.

Não há quem se detenha na fé, hoje em dia — vai-se mais distante. Passarei, certamente, por estúpido se eu for perguntar para onde por esse caminho se vai. Entretanto, com certeza, darei uma demonstração de correção e de cultura, admitindo que cada um tem fé, pois do contrário seria esquisito dizer que se vai mais distante. Não acontecia assim antigamente; era, nessa época, a fé um compromisso que se aceitava para toda a vida; porque, refletia-se, a aptidão para se acreditar não é adquirida em escassos dias ou poucas semanas. Quando, após ter lutado em combate leal e mantido a fé, o velho combatente experimentado, atingia o crepúsculo da vida, o coração conservava suficiente mocidade para não olvidar o tremor e a angústia que o haviam disciplinado quando fora jovem e que o homem maduro dominara, pois daqueles não há quem se livre totalmente a não ser que consiga ir mais distante desde muito cedo. O ponto final a que chegavam tais venerandas figuras é hoje o ponto inicial para cada qual ir mais distante.

O presente autor de modo algum é um filósofo. Não entendeu qualquer sistema de filosofia, se é que existe algum, ou esteja terminado. O seu fraco cérebro já se intimida suficientemente ao pensar na estupenda inteligência que é preciso a cada um, especialmente hoje, quando toda gente fez alarde de tão prodigiosos pensamentos! Ainda que se possa formular em conceito a substância toda da fé, não quer dizer com isso que se alcance a fé, como se nós a penetrássemos ou tivesse ela se introduzido dentro de nós. O presente autor de modo algum é um filósofo. E, sim, *poetice et eleganter,* um amador que não redige sistema nem *promessas* de sistema; não é culpado de tal excesso nem a ele se consagrou. Para ele, escrever é um luxo que pode ganhar tanta maior significação e evidência quanto menos leitores e compradores tiver para as suas obras. Não alimenta dúvidas com respeito ao seu destino em uma época em que é posta de parte a paixão para que seja servida a ciência, época na qual o autor que deseja ser lido deve ter o cuidado de escrever um livro fácil de ser folheado à hora da sesta e a precaução de se mostrar com a cortesia daquele jardineiro do anúncio, que, de chapéu na mão e a carta de recomendação do último a que servira, se recomenda ao distinto público. O autor prevê o seu destino, passará inteiramente sem ser notado. Adivinha aterrado que a crítica invejosa o forçará a dar-lhe com um cacete. Ainda mais:

treme ao supor que algum zeloso escriba, algum devorador de parágrafos (sempre disposto, para salvar a ciência, a tratar a obra alheia com Trop procedia em vista de "A destruição do gênero humano para "salvar o gosto"), treme ao supor que tal censor — duro como aquele homem que, para contentar a ciência da pontuação, dividia o seu discurso contando as palavras: 35 até chegar ao ponto e vírgula, cinquenta para atingir o ponto final — o desmanche em parágrafos. Inclino-me com profunda submissão diante de qualquer chicaneiro sistemático. "Não é sistema, isto não tem nada a ver com sistema. Desejo-lhe toda a ventura possível, assim como todos os dinamarqueses que se interessam pelo ônibus, pois nunca será uma torre o que eles erguerão. A todos e a cada qual em particular eu desejo êxito e boa fortuna."

Muito respeitosamente,

*Johannes de Silentio**

---

* Pseudônimo de Soren Kierkegaard.

## Atmosfera

Era uma vez um homem que ouvira, em sua meninice, a maravilhosa história de Abraão, o qual, posto à prova por Deus, vencida a tentação sem perda da fé, recebia, contra toda esperança, o seu filho pela segunda vez. Na idade madura, tornou a ler a narrativa, e desta vez com redobrada admiração, visto como a vida separara aquilo que a meninice, com piedosa simplicidade, ligara. A proporção em que ia se fazendo velho, o pensamento voltava com mais frequência à história e com acrescida paixão; entretanto, entendia-se cada vez menos. Acabou esquecendo tudo o mais fixando na alma apenas um desejo: ver Abraão; e apenas um desgosto: não ter sido testemunha do evento. Não desejava contemplar os belos países do Oriente, nem as maravilhas da Terra prometida, nem o piedoso casal cuja velhice Deus abençoara, nem a figura veneranda do patriarca farto de dias, nem a exuberante mocidade de Isaac, ofertado, como um presente, pelo Eterno: identicamente poderia ter acontecido em qualquer estéril páramo; não enxergava aí qualquer objeção. Desejara ter participado na viagem dos três dias, quando Abraão montado no seu burro, ia com a tristeza à frente e Isaac ao lado. Desejara estar presente no momento em que Abraão, ao levantar os olhos, enxergou a distância a montanha de Morija, no momento em que despediu os burros e subiu a encosta, sozinho com o filho — pois estava preocupado, não por engenhosos artifícios da imaginação, porém pelos receios do pensamento.

Tal homem não era, aliás, um pensador. Não vibrava nele o menor desejo de ir além de sua fé. Parecia-lhe ser desiderato mais belo os pósteros virem a chamá-lo o pai da fé, e considerava-se digno de inveja tê-la, mesmo quando ninguém disso suspeitasse.

Tal homem não era um douto exegeta porquanto nem mesmo conhecia o hebreu. Se o tivesse podido ler, teria, então, indubitavelmente, entendido com facilidade a história de Abraão.

## I

*E Deus quis provar Abraão e falou-lhe: "Toma o teu filho, o teu único filho, aquele que tu amas, Isaac; anda com ele ao país de Morija e, ali, oferta-o em holocausto sobre uma das montanhas que eu te indicarei."*

Raiava a manhã. Abraão ergueu-se, selou os burros, saiu de sua casa com Isaac, enquanto da janela Sara os via descer pelo vale até que se perderam de vista. Viajaram em silêncio por espaço de três dias. Na manhã do dia quarto, Abraão prosseguiu sem dizer palavra, porém, levantando o olhar, viu a distância os montes de Morija. Fez voltar então os servidores e, segurando Isaac pela mão, escalou a montanha. E Abraão dizia consigo mesmo: "Não posso esconder-lhe mais para onde leva esta marcha". Deteve-se, colocou a mão sobre a cabeça do filho para o abençoar e Isaac inclinou-se para receber a bênção. O semblante de Abraão era o de um pai bondoso: o olhar meigo e a voz exortavam. Entretanto, Isaac não podia entendê-lo; a sua alma não conseguia erguer-se tão alto; abraçou os joelhos de Abraão, atirou-se aos seus pés, implorou-lhe piedade, rogou pela sua juventude e pelas mais fogueiras esperanças, falou das alegrias da casa do pai, evocou a tristeza e a solidão. Então Abraão ergueu-o, tomou-lhe a mão e andou e a sua voz animava e consolava. Entretanto, Isaac não podia entendê-lo. Abraão escalou a montanha de Morija; Isaac não o entendia. Foi nesse instante que, tendo-se afastado um pouco do filho, Isaac voltou a ver-lhe o rosto, desta feita mudado, o olhar feroz, as feições amedrontadoras. Agarrou a Isaac pelo peito, atirou-o por terra e falou-lhe: "Estúpido! Acreditas que eu sou o teu pai? Eu sou um idólatra! Acreditas que eu obedeço às ordens de Deus? Faço aquilo que me dá vontade!" Então Isaac fremente e com grande angústia, exclamou: "Deus do Céu! Apieda--te de mim! Deus de Abraão, apieda-te de mim, sê o meu pai, pois outro já não tenho na Terra!" Abraão, porém, sussurrava: "Deus do Céu, eu te dou graças. Antes me julgue um monstro do que perca a fé em Ti".

Quando vem a época do desmame, a mãe enegrece o seio, pois manter o seu atrativo será maléfico ao filho que o deve deixar. Desse modo ele crê que a mãe mudou, ainda que o coração dela continue firme e o olhar seja da mesma ternura e do mesmo amor. Venturoso aquele que não precise recorrer a meios ainda mais terríveis para o desmame de seu filho!

## II

Raiava a manhã. Abraão ergueu-se, abraçou Sara, companheira de sua velhice, e Sara osculou a Isaac, que a livrara do escárnio e era o seu orgulho e esperança para todas as gerações futuras. Andaram em silêncio. Abraão manteve o olhar obstinadamente fixo no chão até o dia quarto. Somente então ergueu os olhos e distinguindo no horizonte a montanha de Morija, tornou a baixá-los. Silenciosamente preparou e holocausto e atou Isaac; silenciosamente tirou a faca; foi então que enxergou o carneiro que Deus providenciara. Sacrificou-o e tornou à casa... Deste dia em diante Abraão envelheceu; não conseguiu olvidar-se daquilo que Deus exigira dele. Isaac foi crescendo, porém os olhos de Abraão tinham perdido o brilho; nunca mais voltou a ver a alegria.

Quando o infante, já crescido, precisa ser desmamado, a mãe, com pudicícia, esconde o peito e o infante não tem mais mãe. Venturoso o filho que não perdeu a mãe de modo diverso!

## III

Raiava a manhã. Abraão ergueu-se, osculou a Sara, e Sara osculou a Isaac, suas delícias, sua eterna alegria. E Abraão, montado no burro, partiu pensativo. Pensava em

Agar e no filho que ele abandonara no deserto. Escalou a montanha de Morija e sacou a faca.

A tarde eslava calma quando Abraão se encontrou sozinho em Morija. Atirou-se em terra e pediu perdão a Deus pelo seu pecado, perdão por ter desejado sacrificar Isaac, perdão porque olvidara o dever paternal com relação ao filho. Tomou, outra vez, com amiudada frequência o solitário caminho para a montanha, porém não achou descanso. Não podia supor que tivesse pecado por ter desejado sacrificar o seu mais precioso bem, por quem teria ofertado a vida por mais de uma vez; e se tivesse pecado, se jamais tivesse amado Isaac a tal ponto, não podia entender como merecer o perdão de Deus — haverá, efetivamente, pecado mais hediondo do que o seu?

Quando vem a época do desmame, a mãe se entristece refletindo que ela e o filho terão de se separar; que o infante, no princípio sob o seu coração e depois embalado ao seio, nunca mais estará tão próximo dela. E juntos sofrerão esta curta pena. Venturoso aquele que manteve o filho tão próximo de seu coração e não teve outro motivo de desventura!

## IV

Raiava a manhã. Tudo estava preparado para a partida na casa de Abraão. Despediu-se de Sara e Eliezer, o fiel criado, acompanhou-o pelo atalho até ao instante em que Abraão lhe mandou que tornasse. Após isso, em absoluta concordância, Abraão e Isaac seguiram juntos até a montanha de Morija. Invadido de plena paz e doçura, Abraão fez os preparativos do sacrifício, porém quando se voltou para sacar a faca, observou Isaac que a mão de seu pai estava crispada de desespero, que um arrepio lhe sacudia o corpo e entretanto Abraão sacou a faca.

Voltaram então para casa. Sara atirou-se ao encontro deles. Isaac, contudo, já não possuía fé. Jamais se falou disso no mundo, nem Isaac disse a alguém aquilo de que fora testemunha, nem Abraão teve suspeita de que alguém o vira.

Quando vem a época do desmame, a mãe se utiliza de alimentação mais forte para evitar a morte do filho. Venturoso aquele que pode dispor de alimento forte!

Desse modo, e também de outros diferentes modos, meditava sobre este acontecimento o homem de quem falamos. De cada vez que retornava da montanha de Morija para casa, consumia-se de fraqueza, juntava as mãos e exclamava: "Então não existe ninguém com a estatura de Abraão, ninguém que o possa compreender?"

## Elogio de Abraão

Não tivesse o homem consciência eterna, se um poder selvagem e efervescente produtor de tudo, soberbo ou fútil, no torvelinho das obscuras paixões, pudesse existir só no imo de todas as coisas; se debaixo delas se ocultasse infinito vazio que coisa alguma pudesse encher, que seria da existência senão desespero? Se não acontecesse assim, se um laço sagrado não apertasse a humanidade; se as gerações não fossem renovadas como se renovam as folhas nas florestas; se umas depois das outras se extinguissem do mesmo modo que o canto dos pássaros nas matas, cortando o mundo como a nave o oceano, ou o vento ao deserto estéril e cego; se o olvido eterno, sempre faminto, tivesse a força precisa para lhe tirar a presa expiada, quão inútil e desoladora seria a existência! Tal não é, porém, o caso. Assim como formou o homem e a mulher Deus também formou o herói, o poeta ou o orador. O poeta não pode realizar aquilo que faz o herói: resta-lhe apenas admirá-lo, amá-lo e alegrar-se com ele. Contudo, não é menos favorecido do que este pois o herói é, por assim dizer, o melhor de si mesmo, aquele do qual está apaixonado, venturoso porque não é herói, a fim de que o seu amor seja feito de admiração. O poeta é o gênio da lembrança. Não pode fazer senão recordar; não pode fazer mais do que admirar o que foi realizado pelo herói. O poeta não faz subir nada de seu próprio fundo, porém guarda zelosamente aquilo que lhe é entregue sob custódia. Vai pela escolha de seu coração; achado o objeto de sua pesquisa, segue, de porta em porta, a recitar os seus versos e discursos a fim de que todos tomem parte em sua admiração pelo herói e sintam-se orgulhosos dele também. Esta é a sua atividade, a sua humilde tarefa, seu leal serviço na mansão do herói. Se se mantém fiel ao seu amor e combate diuturnamente contra as armadilhas do esquecimento, ávido de lhe arrebatar o herói, desde que está cumprida a sua missão, entra na sua companhia. E o herói ama-o do mesmo modo com amor identicamente fiel, pois também para ele, herói, o poeta é o melhor do ser, como uma apagada lembrança, com certeza, porém tão transfigurado quanto ele. Por esse motivo não será olvidado dos que foram grandes. E se é necessário tempo, se ainda as nuvens da incompreensão apagam a figura do herói, virá contudo aquele que o amou e tanto com maior fidelidade se ligará a ele quanto maior for o seu atraso. Não! Nada será perdido daqueles que foram grandes; cada qual à sua maneira e conforme a grandeza do objeto que *amou*. Pois aquele que se amou a si mesmo foi grande por sua pessoa; quem amou a outra pessoa foi grande porque se deu; porém aquele que amou a Deus foi maior do que todos. A história festejará os grandes homens, porém cada qual foi grande pelo objeto de sua *esperança;* um tornou-se grande na esperança de alcançar o possível; um outro na expectativa das coisas eternas — porém aquele que desejou atingir o impossível foi, de todos, o maior. Os grandes homens hão de permanecer na memória dos pósteros, porém cada qual deles foi grande pela importância do que *combateu*. Pois aquele que combateu contra o mundo, foi grande no seu triunfo sobre o mundo, o que lutou consigo mesmo foi grande pela vitória alcançada sobre si — porém aquele que combateu contra Deus foi o maior de todos. Este é o resumo dos combates feridos na Terra: homem contra homem, um contra mil; porém aquele que combate contra Deus é o maior de todos. Tais são as lutas deste mundo: um atinge o termo utilizando-se de força, o outro desarma a Deus pela sua debilidade. Viu-se aqueles que em si mesmos se apoiaram de tudo triunfarem e os demais, fortes em sua fortaleza, tudo sacrificarem — porém o maior de todos foi aquele que creu em Deus. E existiram grandes homens pela sua energia, sabedoria, esperança ou amor — porém Abraão foi o maior de todos: grande pela energia cuja força é fraqueza, grande pelo saber cujo segredo é loucura, pela esperança cuja forma é a demência, pelo amor que se resume em ódio a si mesmo.

Movido pela fé abandonou Abraão a terra de seus antepassados e foi estrangeiro na terra prometida. Abandonou algo, a sua razão terrestre, por outra, a fé; se meditasse quão absurda era a viagem, jamais teria partido. Por causa da fé foi estrangeiro na terra prometida onde nada havia que evocasse o que ele amou, onde a novidade das coisas gravava em sua alma a tentação de um amargo arrependimento. Entretanto, era ele o eleito de Deus, aquele no qual o Eterno se revia! Verdadeiramente, se fosse deserdado, destituído da graça de Deus, compreenderia melhor esta situação que parecia ridicularizá-lo e à sua fé. Existiu também no mundo quem vivesse exilado da pátria amada. Não foi olvidada, como não foram esquecidas as suas queixas entretecidas ali onde ele, em sua melancolia, buscou e achou o que perdera. Abraão não nos deixou lamentos. Sentir-se apiedado de alguém e chorar com alguém que chore é humano, porém é maior aquele que acredita e mais reconfortante ainda é contemplar o crente.

Através da fé conseguiu Abraão a promessa de que todas as nações da terra seriam abençoadas em sua posteridade. O tempo corria, conservava-se a possibilidade e Abraão acreditava. O tempo correu, tornou-se absurda a esperança, Abraão acreditou. Por ele foi que viu no mundo o que significava ter esperança. O tempo correu, a tarde alcançou o seu ocaso, e este homem jamais teve a covardia de a negar; por esse motivo nunca será olvidado. Conheceu depois a tristeza, e a amargura, em lugar de o tornar decepcionado com a vida, fez em seu favor tudo quanto era possível e, em suas esperanças, deu-lhe a posse de sua enganada esperança. Conhecer a tristeza é humano, humano também é compartilhar do desgosto dos aflitos, porém crer é mais reconfortante do que contemplar o crente. Abraão não nos deixou lamentos. Não ficou tristemente contando os dias à proporção que o tempo corria, não estava inquieto observando Sara para descobrir se os anos cavavam sulcos em seu rosto, não deteve o curso do sol para obstar ao envelhecimento de Sara e com ela a sua esperança. Para trazer paz ao seu desgosto não cantou a Sara um canto melancólico. Fez-se velho e Sara foi motejada em sua terra. Entretanto era ele o eleito de Deus e o herdeiro da promessa de que todas as nações seriam abençoadas em sua posteridade. Não teria valido mais se não fora o eleito de Deus? Que coisa é ser eleito de Deus? É ver recusado o desejo de mocidade na primavera da existência, para apenas alcançar esse lavor na velhice, após grandes dificuldades. Abraão, porém, creu e guardou com fidelidade a promessa à qual teria de renunciar se tivesse hesitado. Teria falado então a Deus: "Acaso não é de tua vontade que meu desejo seja realizado; renuncio ao meu voto, o único necessário à minha ventura; minha alma é reta e não conserva secreto rancor pela tua recusa". Por esse motivo não teria sido olvidado, muitos seriam salvos pelo seu exemplo, porém jamais chegaria a ser o pai da fé. Porque é grande renunciar ao mais ansiado voto, porém ainda maior é mantê-lo após tê-lo abandonado. Grande é atingir o eterno, porém ainda maior é conservar o temporal após ter renunciado a ele. Os tempos cumpriram-se. Se por acaso Abraão não cresse, Sara morreria indubitavelmente de desgosto, e ele, roído pela tristeza, não entenderia a graça, e dela teria rido como de um sonho da mocidade. Abraão, porém, acreditou e por esse motivo, conservou-se jovem, pois aquele que aguarda sempre o melhor, envelhece na decepção e o que espera sempre o pior mais depressa se gasta, porém aquele que crê mantém eterna mocidade. Bendita seja, portanto, esta história! Porque Sara, em avançada idade, foi ainda bastante jovem para querer as alegrias da maternidade, e Abraão, não obstante os seus cabelos brancos, foi bastante jovem para querer ser pai. Ao primeiro olhar parece que o milagre consistiu em o evento verificar-se conforme a sua expectativa, porém, no sentido profundo, o prodígio está em Abraão e Sara serem suficientemente jovens para querer; foi a fé que conservou neles o desejo e, com ele, a mocidade. Ele viu a concretização da promessa e conseguiu-a pela fé e isso aconteceu em concordância com a promessa e conforme a fé; porque Moisés feriu a rocha com a sua vara, porém não acreditou.

Houve pois alegria na casa de Abraão e Sara foi a esposa das bodas de ouro.

Entretanto, esta ventura não duraria muito; mais uma vez Abraão devia ser posto à prova. Lutara contra esse ardiloso poder ao qual nada escapa, contra o inimigo que, no correr dos anos, não deixa de vigiar, contra o ancião que sobrevive a tudo; tinha, finalmente, combatido contra o tempo e mantido a fé. "E Deus quis provar Abraão e falou-lhe: "Toma o teu filho, o teu único filho, ao qual tu amas, Isaac; viaja com ele para o país de Morija e aí oferta-o em holocausto em uma das montanhas que te apontarei".

Estava tudo consumado. Oh! Desventura horrenda, muito maior do que o desejo que jamais foi atendido! Desse modo divertia-se o Senhor com Abraão! Aí está como, após ter realizado de modo miraculoso o absurdo, desejava agora ver a sua obra reduzida a nada. Que insânia! Abraão, porém, não se riu, como Sara, no momento em que a promessa lhe foi anunciada. Setenta anos de fiel esperança para tão curta alegria da fé contentada! Quem é, portanto, aquele que tira o bordão da mão do ancião, quem ele é para exigir que o velho pai o parta por si próprio! Quem é ele para tornar inconsolável um homem de cabelos nevados, exigindo-lhe ser instrumento da própria desventura! Não existe compaixão por esse venerando ancião nem pela inocente criança! E entretanto Abraão era o escolhido de Deus e era o próprio Senhor que lhe fazia sofrer a provação. Tudo então estava a perder-se! O renome extraordinário da raça futura, a promessa feita à posteridade de Abraão, tudo isso não fora senão fugaz clarão divino que ele tinha de apagar agora. Esse fruto estupendo, tão antigo quanto a fé no coração do patriarca, e anterior em muitos anos a Isaac, esse fruto da existência de Abraão, que a oração santificara, que a luta amadurecera, essa bênção nos lábios do pai, esse filho, ia ser-lhe arrebatado e perder todo significado: que significado, verdadeiramente, podia conter a promessa, quando era preciso sacrificar Isaac! Hora de tristeza essa, e venturosa apesar de tudo, em que Abraão, erguendo pela vez derradeira a fronte venerável, que resplendia como a do Senhor, deveria dizer adeus a tudo aquilo que amava, recolhendo o espírito para dar a bênção cuja virtude se faria sentir por toda a existência de Isaac — tal hora jamais chegaria! Pois Abraão deveria dizer adeus ao filho, ficando aqui embaixo; estariam separados pela morte, porém fazendo de Isaac a sua presa. No leito de morte, o ancião, não podia estender com alegria a mão ao filho para dar-lhe a bênção, porém, cansado da vida, levantar o braço sobre ele em atitude assassina. E Deus estava provando-o, infelicidade! Infelicidade para o mensageiro portador de tal notícia. Quem se atrevia a ser o emissário de tão grande desventura? Contudo era Deus quem o estava provando.

Não obstante tudo isso, Abraão creu e creu para esta existência. Se a sua fé dissesse respeito à vida futura, ter-se-ia facilmente despojado de tudo, para deixar rapidamente um mundo ao qual já não pertence. Não era, porém, deste tipo a fé de Abraão, se porventura isso é fé. A dizer a verdade, não se trata nesse caso de fé, porém somente de remota possibilidade que pressente o seu objeto no horizonte distante, ainda que separado dele por um abismo onde se agita a desesperação. A fé, porém, de Abraão era para esta existência; acreditara que envelheceria em sua terra, com honras e benquerença de seu povo, não esquecido pela geração de Isaac, o seu mais arraigado amor nesta existência, ao qual abraçava com tal afeto que é insuficiente dizer que cumpria com fidelidade o dever de um pai conforme o espírito do texto; "o filho ao qual amas". Jacó foi progenitor de 12 filhos, e amou apenas a um; Abraão teve apenas um, aquele ao qual amou.

Abraão, porém, creu sem nunca duvidar. Creu no absurdo. Se tivesse duvidado, procederia de modo diverso, teria até realizado um ato magnífico. Porventura poderia ter realizado coisa diferente? Encaminhar-se-ia à montanha de Morija; cortada a lenha, teria acendido a pira, tirado a faca e gritado desse modo a Deus: "não desprezes este meu sacrifício; de todos os bens que possuo este não é o mais precioso, sei-o bem; que significado de fato tem a vida de um ancião comparada com a do filho da promessa? Contudo é o melhor que eu te posso oferecer. Faz com que Isaac jamais disso se aperceba a fim de que a mocidade o conforte". Após isso enterraria a faca no próprio peito. O mundo teria admiração por ele e jamais o seu nome seria olvidado; contudo uma coisa é despertar justa admiração e outra ser a estrela que guia e salva o desesperado.

Contudo Abraão creu. Não suplicou para mover o Senhor a seu favor; jamais se antecipou em rogos senão quando o merecido castigo tombou sobre Sodoma e Gomorra.

Lemos na Escritura: "E Deus quis provar Abraão e falou-lhe: Abraão, Abraão, onde estás? E Abraão retrucou: estou aqui!" Tu, a quem o meu discurso é dirigido fizeste de modo idêntico? Não clamaste às montanhas "escondei-me!" e às vertentes "tombai sobre mim!" quando pressentiste chegarem de longe os golpes do destino? Ou se tiveste maior fortaleza, não se fez preguiçoso o teu pé ao avançar pela boa estrada? Não suspiraste ao lembrar os antigos caminhos? E quando se fez ouvir o instante da chamada, guardaste silêncio ou respondeste, quiçá demasiado baixo, num sussurro? Abraão, contudo, não respondeu assim; contente e corajosamente, cheio de confiança e com voz plena exclamou: "eis-me aqui! — Ainda se lê: "E Abraão ergueu-se muito cedo". Deu-se pressa como quem se dirige para uma festa e, de manhãzinha, marcha para o local designado, na montanha de Morija. Não disse coisa alguma a Sara nem a Eliezer; e afinal, quem o compreenderia? E a tentação, por natureza, não lhe impusera o voto de silêncio? — Partiu a lenha, amarrou Isaac, acendeu a pira, sacou a faca! Meu querido ouvinte! Muitos pais, quando perdem seu filho, acreditaram ficar sem o mais caro tesouro do mundo privados de toda esperança futura; porém nenhum foi o filho da promessa no sentido em que Isaac o foi para Abraão. Muitos pais perderam seus filhos; porém perderam-nos pela mão de Deus, pela inescrutável e inflexível vontade do Todo-poderoso. O caso de Abraão é diferente. Prova mais difícil estava reservada para ele; a sorte de Isaac estava em sua mão ao segurar a faca. Esta era a situação do ancião frente à sua única esperança! Contudo, ele nunca duvidou, não pervagou o olhar desesperado à direita nem à esquerda, não molestou o céu com rogativas. Sabia que o Todo-poderoso estava provando-o, sabia que este era o sacrifício mais difícil que se lhe podia exigir, porém sabia também que nenhum sacrifício é excessivamente duro quando Deus o pede — por essa razão sacou a faca.

Quem deu força ao braço de Abraão? Quem conservou a sua mão erguida e a impediu de tombar novamente, impotente? Sente-se o espectador desta cena paralisado. Quem deu fortaleza à alma de Abraão e impediu que ele cegasse a ponto de não enxergar Isaac nem o cordeiro? É o espectador desta cena que se sente cego. — Entretanto é raro, indubitavelmente, o homem que fica paralisado e sem enxergar, e, ainda mais esquisito, o homem que conta com dignidade o que aconteceu. Todos nós hoje o conhecemos: tratava-se de uma prova e somente de uma prova.

Se, na montanha de Morija, Abraão tivesse se deixado levar pela dúvida, se, sem resolução, olhasse em derredor, se, ao sacar da faca, por simples acaso, tivesse notado a presença do cordeiro, e se Deus tivesse-lhe permitido sacrificá-lo em lugar de Isaac — então teria retomado à casa e tudo voltaria ao que fora anteriormente, teria Sara ao pé de si, conservaria Isaac e, não obstante isso tudo, que mudança! O regresso seria apenas fuga, a salvação um simples acaso, a recompensa uma confusão e o seu futuro, quiçá, a perdição. Não teria dado testemunho sequer de sua fé, sequer da graça de Deus, porém teria mostrado como é terrível escalar a montanha de Morija. Abraão não seria olvidado, nem mesmo a montanha de Morija. Ela seria então citada, não como o Ararat, onde a Arca descansou, porém como um local de assombro: "Foi ali — diriam — que Abraão duvidou".

Abraão, pai venerável! Quando de retorno à casa, vindo de Morija, não foi necessário dedicar-te um panegírico para te consolar de uma perda: não é certo que tinhas ganho tudo e conservado Isaac? Daqui para frente o Senhor não exigiu de ti mais nada e viram-te bem venturoso à mesa com o teu filho, debaixo do mesmo teto, como lá em cima, para toda a eternidade. Abraão, pai venerável! Milhares de anos se passaram desde esses dias sombrios, porém não é preciso um tardio admirador para tirar, pelo amor, a tua memória às potências do olvido, pois todas as línguas te lembram. E, entretanto, dás a recompensa a quem te ama por uma forma mais generosa do que ninguém; lá enseias fazê-lo bem-aventurado em teu seio, e aqui embaixo prendes-lhe o olhar e o coração com o maravilhoso de tua ação. Abraão, pai venerável! Segundo pai do gênero humano! Tu que por primeiro sentiste e manifestaste essa grandiosa paixão que despreza a luta terrível contra a preciosa ação dos elementos e das forças da criação para lutar contra Deus, tu que foste o primeiro a sentir esta paixão sublime, expressão sacra, humilde e pura, do divino frenesi, tu que adquiriste a justa admiração dos pagãos, perdoa a quem tentou cantar em teu louvor, se bem não soube desincumbir-se de sua tarefa. Falou de maneira humilde, conforme o secreto desejo de seu coração; falou de maneira breve, como era conveniente; porém jamais olvidará que te foram necessários cem anos para receber, contra toda a esperança, o filho de tua velhice e que foste obrigado a sacar a tua faca para matar Isaac — também não esquecerá que aos 130 anos, não tinhas ido mais distante do que a fé.

## Problemata
## Efusão preliminar

"Somente aquele que trabalha tem pão"', afirma um antigo provérbio que se inspirou no mundo exterior e visível e, coisa curiosa, conformando-se muito mal à esfera que é, por excelência, a sua. Pois, em verdade, o mundo exterior governa-se pela lei da imperfeição, nele se observa, frequentemente, o preguiçoso conseguir também o seu alimento e o ocioso tê-lo ainda em muito maior abundância do que o esforçado obreiro. Tudo se encontra nas mãos daquele que detém o mundo visível no qual vence a lei da indiferença; o espírito da lâmpada mágica obedece àquele que a possui, Nuredino ou Aladim, e aquele que retém os tesouros do mundo é realmente patrão, qualquer que tenha sido o modo como os conseguiu. Não acontece o mesmo no mundo do espírito, onde existe eterna e divina ordem; ali a chuva não cai ao mesmo tempo sobre o justo e o injusto; ali o Sol não brilha indiferentemente para os bons e para os maus. Em justa verdade pode-se dizer dali: apenas o que trabalha tem pão, apenas o aflito encontra descanso, apenas o que desce aos infernos salva a bem-amada, apenas aquele que empunha a faca recebe Isaac.

Ali não existe o pão para o ocioso, que é ludibriado, como antigamente Orfeu, enganado pelos deuses, que lhe deram um fantasma em vez de Eurídice; e sofreu uma decepção dessa ordem porque foi um efeminado covarde, apenas um tocador de lira e não um homem. Ali não serve para nada ter por pai Abraão nem 17 quartos de sangue nobre pode salvar alguém. Quem se nega ao trabalho sente logo realizar-se a palavra da Escritura a respeito das Virgens de Israel: apenas pode gerar vento; porém aquele que labora gera o seu próprio pai.

Imprudente doutrina pretende introduzir no reino espiritual esta mesma lei de indiferença debaixo de cujo peso geme o mundo exterior. Admite ela que é suficiente conhecer o que é grande sem necessidade de qualquer outro trabalho. Do mesmo modo esta doutrina não recebe o pão; do mesmo modo ela morre de inanição vendo que tudo ao seu redor se transmuda em ouro. E que sabe ela, aliás? Milhares de contemporâneos, na Grécia e na posteridade, uma multidão incontável de pessoas conheceu os triunfos de Milcíades, porém tão somente um, entre tantos, perdeu o sono. Gerações inumeráveis conheceram de cor, palavra por palavra, a história de Abraão; porém quantos tiveram insônia por causa dela?

Ela possui a virtude rara de sempre se conservar magnífica, por pouco que se entenda dela, desde que seja cumprida a condição de trabalhar e sofrer para compreendê-la. Acontece, entretanto, que se pretende possuir a inteligência sem trabalho. Fala-se da glória de Abraão; porém de que maneira? Toda a sua conduta é caracterizada por uma proposição excessivamente geral: "foi grande porque amou Deus até ao extremo de lhe sacrificar o melhor que possuía". Indubitavelmente; porém este "melhor" é tão vago! No curso do pensamento e da palavra, é identificado com excessiva tranquilidade Isaac com o melhor; e aquele que reflete, pode, ao seu gosto, fumar o seu cachimbo no decurso da meditação e, aquele que o ouve, esticar as pernas com preguiçosa comodidade. Se aquele moço, suficientemente rico, que Jesus topou no caminho houvesse vendido todo o patrimônio e tivesse feito partilha do dinheiro entre os pobres, teríamos de elogiar o seu proceder, como é merecedora toda grande ação, embora não a compreendamos sem esforço; entretanto ele não se teria convertido em um Abraão porque sacrificara o melhor dos seus bens. O que é omitido na história do patriarca? A angústia. Pois, enquanto em relação ao dinheiro não tenho qualquer espécie de obrigação moral, o pai acha-se ligado ao filho pelo mais nobre e mais santo vínculo. Como, contudo, para os fracos de espírito, a angústia constitui perigo, deixando-a passar em silêncio; apesar disso pretende-se falar de Abraão. Fala-se de modo afetado e, sempre discursando, alternam-se os dois termos "Isaac" e "melhor"; tudo segue, desse modo, às mil maravilhas. Contudo, se no meio dos que ouvem exista quem sofra de insônias, logo se roça a tragicomédia do mais profundo e espantoso mal-entendido. O nosso homem volta para casa ansioso por imitar Abraão; não é, quiçá, o seu filho o maior de todos os tesouros? Se o orador se compenetra do fato, acorre apressurado e revestindo-se de toda dignidade de sacerdote, exclama: "Homem vil, escória da sociedade! Que demônio te domina e impele-te a matar o teu filho!" E este pastor, ao qual o sermão a respeito de Abraão não aqueceu nem fez suar, fica assombrado pelo seu poder e pela sua ira justificada, com os raios com os quais fulmina o pobre homem; está contente consigo próprio porque jamais discursou com tanta convicção e unção; diz então consigo e depois repete-o para a mulher: "Possuo o raro dom da palavra; o que me faltara, até o presente, fora a oportunidade; no domingo, quando realizava o sermão a respeito de Abraão, não me sentia tão empolgado assim pelo meu tema". Se este pregador possuísse ainda um pouco de razão para perder, acredito com firmeza que o perderia quando o pecador, calmo e digno, lhe retrucasse: "Contudo foi exatamente tudo isso, afinal, que nos afirmaste em teu sermão de domingo". Como poderia supor tal coisa? Nada havia, contudo, de surpreendente; a única falta residia em não saber o que falava. Não existir um poeta com gênio para adotar firmemente situações desta espécie em lugar das frioleiras com que são enchidos romances e comédias! Aqui o trágico e o cômico ligam-se ao infinito absoluto. O sermão do pastor é já por si só bastante ridículo, porém o é infinitamente mais pelo seu efeito, apesar de tão natural. Ainda se poderia apontar o pecador convertido pelo responso do padre sem erguer real objeção, e o zeloso sacerdote a tornar contente para casa, na crença de que, se provoca comoção no auditório, do alto do púlpito, é especialmente porque possui um irresistível poder na cura das almas, dado que no domingo agita a assembleia e na segunda-feira, qual um querubim manejando a espada em fogo, mostra-se diante do insensato disposto a desmentir pelos seus atos o antigo provérbio que afirma: "nem tudo acontece na existência conforme o sermão do pastor"[1].

Em troca, se o pecador não fica convencido, a situação faz-se trágica. O mais provável, então, é ser morto ou trancado num manicômio; em poucas palavras, torna-se um infeliz em face da chamada realidade, em sentido diverso, é claro, daquilo que fez Abraão feliz, porque aquele que luta e trabalha não pode morrer.

Como pode ser explicada essa condição de nosso pregador? Dir-se-ia que Abraão alcançou por prescrição o título de grande homem, de tal maneira que, um ato se enobrece quando é praticado por ele e torna-se revoltante quando é praticado por outro? Assim sendo eu não tenho vontade de subscrever tão absurdo elogio. Se a fé não pode fazer santa a intenção de sacrificar o filho, Abraão tomba sob a alçada de um juízo que se pode aplicar a todo mundo. Se não existe valor para se ir até o fim do pensamento e afirmar que Abraão é assassino, antes é preferível adquiri-lo primeiro do que gastar o tempo em imerecidos elogios. Debaixo de um ponto de vista moral, a atitude de Abraão exprime-se dizendo que desejou matar Isaac, e, debaixo de um ponto de vista religioso, teve intenção de sacrificá-lo. Em tal contradição está a angústia que nos leva a insônia e sem a qual, porém, Abraão não é o homem que é. Talvez ainda se pode afirmar que não tenha realizado aquilo que se lhe atribui; quiçá o seu ato, dando-se a explicação de acordo com os usos do tempo, tenha sido muito diferente. Deixemos, neste caso, o patriarca no olvido. Para que lembrar, efetivamente, o passado que não pode voltar a ser presente? Pode ser, finalmente, que nosso orador tenha desprezado um elemento que corresponde ao falso olvido moral do dever de pai. Quando, em verdade, suprime-se a fé, reduzindo-a a zero, resta apenas o fato brutal de Abraão ter desejado matar o filho, procedimento bem fácil de imitar por qualquer um que não tenha fé — compreendendo eu por fé aquilo que torna difícil o sacrifício.

No que me diz respeito direi que tenho a coragem de ir até o fim de uma ideia; não houve uma que me provocasse medo até o presente e se qualquer se apresentar um dia com força para me amedrontar, espero ter, ao menos, a franqueza de afirmar sem rodeios: tenho medo de tal pensamento, coloca-me diante da imagem do desconhecido e nego-me, por esse motivo, a examiná-lo; se eu não estou com a razão não deixarei de ser castigado. Se, na suposição de que Abraão é assassino, tenho para mim a expressão da verdade, não sei, realmente, se conseguirei calar em mim a piedade que ele me provoca. Pensando nisso, guardaria silêncio pois não se deve iniciar os outros em considerações dessa natureza. Contudo Abraão não representa um caso de prestígio; ele não conseguiu a fama a dormir e nem mesmo a deve a um acaso do destino.

Pode, porventura, dizer-se com franqueza de Abraão sem correr o risco de extraviar aquele que desejasse proceder como ele? Se eu não tenho a sua coragem, o melhor é não falar sequer de Abraão e, especialmente não o enxovalhar fazendo de seu exemplo uma armadilha para os fracos. Porém se fazemos da fé um valor absoluto, se a encaramos pelo que ela é, julgo que se pode discorrer sem perigo dos problemas que apenas lhe são estranhos; porque pela fé pode alguém assemelhar-se a Abraão em lugar de a um reles assassino. Se fazemos do amor um sentimento esquivo, um voluptuoso impulso da alma, estendem-se, pura e simplesmente, quando falamos das proezas da paixão, ratoeiras aos fracos. Movimentos fugazes como esse, toda gente os tem; porém se todo o mundo ocupar-se em refazer esse ato terrível que o amor tornou santo como proeza imorredoura, tudo estará então perdido: o feito sublime e o extraviado copiador.

Pode-se portanto discorrer sobre Abraão, pois as grandes coisas jamais provocam dano quando nós as encaramos com elevação; são como espada de dois gumes, um mata e o outro salva. Se me deliberasse a pregar, colocaria em primeiro plano o homem piedoso e temente a Deus que foi Abraão, homem digno de ser tido como eleito do Eterno. Apenas um homem desse tipo pode submeter-se a tal prova. Contudo quem é assim? Depois eu falaria de seu amor a Isaac. Por fim rogaria a todos os espíritos dotados de caridade que me ajudassem a dar ao discurso a flama do amor paterno. Pintaria esse amor de uma maneira tal que, creio assim, não existiria no reino muitos pais que se atrevessem a sustentar exemplo semelhante. Contudo, por não ser o seu amor idêntico ao de Abraão, apenas a ideia de sacrificar Isaac provocaria uma crise religiosa. Poder-se-ia começar por entreter assistência durante muitos domingos, sem pressa. Quando o tema estivesse tratado de um modo conveniente, verificar-se-ia que certo número de pais já não sentiam necessidade de escutar mais, porém, provisoriamente, julgar-se-iam felizes por ter chegado a amar tanto quanto Abraão amou. E se ainda houvesse um que, após ter entendido a grandeza, e também o horror, da proeza de Abraão, se arriscasse ao caminho, eu albardaria o meu cavalo para o seguir. Em cada parada, antes de atingir a montanha de Morija, eu lhe diria que tinha ainda a liberdade de retornar, para arrepender-se do engano de se julgar chamado a luta semelhante, para tornar pública a sua falta de coragem, deixando a Deus a iniciativa de cuidar de Isaac se assim fosse de seu desejo. Estou convencido de que um homem assim não é maldito, que pode alcançar a ventura como todos os demais — porém jamais no tempo. Não se teria acreditado assim mesmo em tempos de mais profunda crença? Conheci um homem que teria podido salvar-me um dia a existência se tivesse sido bondoso. Dizia sem subterfúgios: "Conheço bem o que eu poderia fazer, mas eu não tento, tenho medo de não possuir, depois, a força precisa, temo vir a arrepender-me". Faltava-lhe coração; quem, entretanto, lhe recusaria por esse motivo a afeição?

Depois que desse modo tivesse falado e comovido os meus ouvintes, até lhes fazer sentir os contrastes dialéticos da fé e sua gigantesca paixão, procuraria não fazê-los incorrer no erro de pensar: "Que imensa fé possui! É-nos suficiente tocar na orla do seu hábito". Eu ajuntaria: "De modo algum eu possuo desse modo a fé: a natureza favoreceu-me com uma boa cabeça e os homens como eu sentem imensas dificuldades para realizar o movimento da fé; *entretanto, não dou qualquer valor intrínseco à dificuldade, a qual, depois de superada, leva um bom cérebro para mais além do ponto onde vai com menos esforço o homem de espírito simples.*

Contudo acha o amor seus sacerdotes entre os poetas e, frequentes vezes, escuta-se uma voz que o sabe cantar; porém a fé não possui quem a cante; quem fala em louvor desta paixão? A filosofia pretende mais. A teologia, cheia de ademanes, chega à janela e, mendigando os beneplácitos da filosofia, oferta-lhe os seus encantos. Entender Hegel deve ser muito difícil, porém a Abraão, que facilidade! Ir além de Hegel é uma façanha; porém que coisa simples quando se trata de ultrapassar a Abraão! No que me diz respeito já gastei demasiado tempo para aprofundar o sistema de Hegel e de modo algum acredito que o tenha compreendido; tenho até a ingenuidade de imaginar que não obstante todos os meus esforços, se eu não consigo dominar o seu pensamento o motivo é que ele mesmo não consegue, completamente, ser claro. Faço todo este estudo sem dificuldade, com muita naturalidade, e a cabeça não sofre com isso. Quando, porém, começo a meditar sobre Abraão, sinto-me como que aniquilado. Caio a todo momento no paradoxo inaudito que é a substância de sua existência; a todo instante sinto-me rechaçado, e não obstante o seu apaixonado furor, o pensamento não consegue compreender este paradoxo nem na medida de uma espessura de cabelo. Para conseguir uma saída reteso todos os músculos: no mesmo momento sinto-me paralisado.

Não desconheço as atitudes que o mundo admira como sendo grandes e generosas; elas encontram eco em minha alma pois estou humildemente convicto de que o herói lutou também em minha defesa: *jam tua res agitur,* digo a mim mesmo fitando-o. Adentro o pensamento do herói, não, porém, o de Abraão; atingido o cume, torno a cair, pois o que se me apresenta consiste em um paradoxo. De maneira alguma advém daí que, a meus olhos, a fé se constitua em algo medíocre; pelo contrário, tenho-a como a mais sublime de todas as coisas e é indigno que a filosofia a troque por outro assunto e a converta em escárnio. A filosofia não pode e nem deve dar a fé; a sua missão é entender-se a si mesma, conhecer aquilo que oferta; nada esconder e especialmente nada furtar à vista, nada ter como simples ninharia. Não deixo de considerar na sua devida conta as vicissitudes e perigos da existência; não tenho medo deles; enfrento-os com bastante audácia. Tenho a experiência das coisas terríveis; a minha memória e tal e qual uma esposa fiel e a imaginação é exatamente aquilo que não sou: uma intrépida jovem ocupada no decorrer do dia com os seus trabalhos, dos quais me fala com sabedoria durante a noite e com uma tal delicadeza que preciso fechar os olhos, embora os seus quadros nem sempre representem paisagens, flores ou idílios do campo. Com estes meus olhos eu enxerguei coisas horríveis e jamais recuei cheio de pavor, porém sei suficientemente bem que ainda que as enfrentasse sem temor, não decorre daí que a minha coragem não me venha da fé, nem com ela se assemelhe em coisa alguma. Não posso empreender o movimento da fé, não posso fechar os olhos e atirar-me de cabeça, cheio de confiança, no absurdo; isso é impossível, porém não me glorio pelo fato. Tenho a certeza de que Deus é amor; este pensamento possui, para mim, valor lírico fundamental. Presente em mim a certeza, sinto-me de modo inefável venturoso; ausente, estou ansiando por ela muito mais desesperadamente que a amante pelo objeto do seu amor; porém não tenho fé, não possuo tal coragem. O amor de Deus para mim é, ao mesmo tempo na razão direta e na razão inversa, sem medida com toda a realidade. Nem por isso, contudo, tenho a debilidade de me entregar a lamúrias nem a covardia de negar que a fé seja algo de extremamente elevado. Posso acomodar-me e viver ao meu modo, venturoso e contente, porem tal alegria não dimana da fé e de modo comparativo, é desventurada. Não incomodo a Deus com mesquinhas angústias; não estou preocupado com o pormenor, fixo os olhos tão somente no meu amor, cuja chama, clara e virginal, conservo dentro de mim; a fé confia em que Deus provê as menores coisas. Sinto-me satisfeito por estar casado nesta vida pela mão esquerda; a fé é extremamente humilde para pedir a direita; que o faça em total humildade, não o nego, nunca o negarei.

Será exato que cada qual de meus coetâneos pode realizar os movimentos da fé? A não ser que eu me engane redondamente a esse respeito, eles tendem a envaidecer-se de cumprir aquilo de que certamente não me julgam capacitado: o imperfeito. Sou por natureza avesso ao hábito tão comum de falar sem humanidade das coisas elevadas, como se alguns milhares de anos fossem intransponível distância; de tais coisas falo preferentemente como homem; enxergo-as como se tivessem ocorrido ontem visto que a distância; ao meu ver, a sua grandeza — nela achamos a sua altura ou sua sentença. Se, pois, como *herói trágico* (pois não posso ascender a mais) tivesse sido convidado a realizar viagem tão extraordinária como a de Morija, sei muito bem o que eu faria. Não me intimidaria a ponto de ficar ao pé da lareira; não me distrairia no caminho, não olvidaria a faca do sacrifício para inventar uma ligeira demora; estou quase certo de que estaria a postos no instante azado e que tudo correria em ordem: talvez mesmo chegasse mais cedo do que a hora marcada para tudo terminar quanto antes. Sei o que mais poderia fazer. No instante de montar a cavalo, refletiria com os meus botões: agora está tudo perdido, Deus exige Isaac, eu o sacrifico e com ele toda a alegria; entretanto Deus é amor e continua sendo-o para mim, pois na ordem temporal ele e eu não podemos palestrar, não possuímos língua comum. Quiçá nos dias atuais, Pedro ou Paulo, em seu zelo pelas coisas elevadas, fossem suficientemente loucos para suporem e fazerem acreditar que procedendo verdadeiramente desse modo, eu teria cumprido tarefa mais alta que a de Abraão. Efetivamente esta minha imensa resignação a seus olhos parecer-lhes-ia muito mais repleta de ideal e poesia do que o prosaísmo de Abraão. Isso é, contudo, a maior das falsidades, porque tal resignação seria, não obstante tudo, somente um sucedâneo da fé. Conseguintemente, não poderia fazer senão o movimento infinito para achar-me e descansar outra vez em mim mesmo, nem amaria Isaac como Abraão. A determinação de realizar o movimento mostraria, a rigor, o meu valor humano. O amor, que com toda a minha alma tenho por Isaac, forma o pressuposto sem o qual o meu procedimento se torna criminoso; entretanto, eu não o amaria tanto quanto Abraão porque certamente teria resistido no último momento, sem por isso chegar muito tarde a Morija. Por outra parte, o meu procedimento desvirtuaria a história porque, pelo fato de recuperar Isaac, logo estaria passando grandes apuros. Custar-me-ia bastante fazer-me alegre outra vez com a sua presença, o que, para Abraão, não estabelece a menor dificuldade. Pois quem do infinito da alma, *proprio motu et propriis auspiciis,* realiza o infinito movimento, sem que o consiga remediar, apenas na dor mantém Isaac.

Que fez, porém, Abraão? Não chegou *muito cedo,* nem muito tarde. Selou o burro seguindo, com lentidão, o rumo determinado. Durante todo esse período manteve a fé, creu que Deus não desejava exigir-lhe Isaac, estando, contudo, disposto a sacrificá-lo se isso fosse absolutamente preciso. Creu no absurdo, porque isso não faz parte do cálculo humano. O absurdo está em que Deus, pedindo-lhe o sacrifício, devia revogar o seu pedido no momento seguinte. Escalou a montanha e no momento em que a faca brilhava, creu que Deus não lhe exigiria Isaac. Então, com segurança, foi surpreendido pelo desenlace, porém já nessa oportunidade recobrara por um movimento duplo o seu primitivo estado, e foi por esse motivo que recebeu Isaac com a mesma alegria que sentira pela vez primeira. Continuemos: vamos imaginar que Isaac tivesse sido em verdade sacrificado. Abraão creu, não que um dia fosse feliz no céu, porém que seria repleto de alegrias aqui na terra. Deus poderia dar-lhe novamente Isaac, chamar outra vez à existência o filho sacrificado. Creu pelo absurdo, porque todo cálculo humano estava, desde há muito tempo, abandonado. Vê-se, e é coisa cruel, que a amargura põe louco o homem; vê-se, igualmente, e não o considero menos, que existe uma força de vontade que pode erguer-se de modo tão enérgico contra o vento que salve a razão, ainda que se fique um pouco tonto; porém que se perca a razão e com ela o finito, do qual a razão é o agente transformador, para reaver então esse mesmo finito era razão do absurdo: eis o que me traz espantado; porém não afirmo por esse motivo que seja coisa insignificante, quando, ao invés, é o único prodígio. Acredita-se, geralmente, que o fruto da fé, ao invés de ser uma obra-prima, é duro e grosseiro trabalho reservado às naturezas mais incultas; nada menos verdadeiro contudo. A dialética da fé é a mais sutil e notável entre todas; possui uma elevação da qual eu posso fazer uma ideia, porém nada mais que isso. Posso perfeitamente realizar o salto de trampolim no infinito; assim como o dançarino na corda, tenho torcida a espinha desde a infância; também fácil me é saltar: um, dois e três! Atiro-me de cabeça na vida, porém para o salto seguinte não me sinto capaz; conservo-me hesitante diante do prodígio, não o consigo realizar. A verdade é que, se, no momento em que montou o seu burro, Abraão tivesse dito: já que estou perdido para mim tanto faz sacrificar Isaac aqui, em casa, como realizar esta longa caminhada até Morija — se assim fosse não teria nada com ele, ao passo que assim eu me inclino sete vezes diante de seu nome e 77 vezes diante de seu proceder. Que ele não esteve entregue a tais reflexões, dá-me disso prova a profunda alegria que o inundou quando recuperou Isaac e vendo além disso que necessitou de preparativos, que não recorrera a dilações para se recolher do mundo finito e de seus prazeres. De outra maneira, ele teria talvez amado a Deus, porém não seria um homem de fé — pois amar a Deus sem a fé é refletir-se no próprio Deus. Este é o cume onde se encontra Abraão. A última etapa de que ele se afasta é a resignação infinita. Vai mais distante verdadeiramente e chega até a fé — pois, em verdade, todas as caricaturas da fé, essa lamentável preguiça dos beiços que dizem: "não há pressa, é escusado atirar-nos ao caminho prematuramente", essa mesquinha esperança calculista: "pode-se lá saber o que acontecerá?... Pode ser que...", todos esses arremedos de fé fazem parte dos mistérios da existência e já a infinita resignação cobriu-os com o seu infinito desprezo.

Não consigo entender Abraão; em certo sentido, tudo quanto aprender dele deixa-me em estado de estupefação. Engana-se aquele que supõe chegar à fé considerando a sua história até o final; assim sendo, ao querer tirar do paradoxo uma norma de vida, e deixando de lado o primeiro movimento da fé, ilude a Deus. Pode acontecer que este ou aquele o realize; assim acontece porque o nosso tempo não para na fé nem no milagre que transmuda a água em vinho — vai mais distante, porque transmuda o vinho em água.

Não teria mais valor dedicar-se à fé e não será mesmo revoltante observar como todo mundo deseja superá-la?

Onde se espera chegar quando, nos dias de hoje, afirmando-o de tantos modos, se recusa o amor? Indubitavelmente ao saber do mundo, ao mesquinho cálculo, à miséria e à baixeza, finalmente a tudo quanto nos possa fazer duvidar da divina origem do homem. Não seria melhor conservar-se a fé e tomar cuidado em não cair? Efetivamente, o movimento da fé deve constantemente realizar-se em razão do absurdo, porém — e eis a questão essencial — de maneira a não perder o mundo finito, até, ao invés disso, a consentir em ganhá-lo sempre. No que me diz respeito, posso muito bem descrever os movimentos da fé, porém não posso reproduzi-los. Para aprender natação, qualquer um pode aparelhar-se com as correias suspensas do teto; realizam-se com regularidade os movimentos, porém é evidente que não se chega a nadar. Assim também é-me possível decompor os movimentos da fé, porém quando eu sou atirado à água, eu nado sem hesitação (visto que eu não sou um patinhador); entretanto, faço outros movimentos — os que dizem respeito ao infinito — ao passo que a fé permite o contrário: após ter realizado os movimentos do infinito, cumpre o finito. Venturoso aquele que pode efetuar esse movimento; realiza uma maravilha que eu não me cansarei de elogiar. Quer seja ele Abraão ou o escravo de sua casa, professor de filosofia ou sua modesta criada, isso me é indiferente; somente reparo nos movimentos. Nisso, contudo, ponho a máxima atenção; não me permito enganar nem por mim, nem por quem quer que seja. Perfeitamente se reconhecem os cavaleiros da resignação infinita; andam com o passo elástico e resoluto. Aqueles, porém, que levam com eles o tesouro da fé enganam com facilidade. O aspecto externo mostra singular semelhança com aqueles que profundamente desprezam tanto a resignação infinita como a fé, em resumo, com o espírito burguês.

Devo confiar com sinceridade que nunca encontrei, no correr de minhas observações, um único exemplar verdadeiro do cavaleiro da fé, sem com isto negar que quiçá um homem em cada dois o seja... Inutilmente, entretanto, durante muitos anos busquei o sinal dos seus passos. É comum empreender-se a volta ao mundo para admirar rios e montanhas, novas estrelas, aves de cores variegadas, estranhos peixes ou ridículas raças humanas. Entrega-se cada qual a vago estupor animal, arregalando os olhos do mundo, acreditando com isso enxergar alguma coisa. Isso tudo me deixa indiferente. Contudo, se porventura descobrisse onde mora um cavaleiro da fé, iria, com meus próprios pés, ao encontro dessa maravilha que representa para mim um interesse total. Não o deixaria um só momento; em cada instante que transcorresse observaria os seus mais secretos movimentos, e, tendo-me para sempre como um rico, dividiria o meu tempo em duas fases: uma para o observar atentamente e outra para me preparar de tal maneira que, por fim, apenas me empenharia em o admirar. Torno a dizer: jamais encontrei um tal homem; entretanto, posso muito bem representá-lo. Aí o temos: está iniciado o conhecimento, fui-lhe apresentado. No mesmo momento em que o fito, afasto-o de mim, recuo instantaneamente, uno as mãos em oração e digo a meia voz: "Meu Deus! É este o homem! Porém ele o será verdadeiramente? Tem a aparência completa de um professor!" Entretanto é ele. Adianto-me um pouco, vigio os menores movimentos procurando surpreender algo de natureza diversa, um íntimo sinal telegráfico vindo do infinito, um olhar, uma expressão da fisionomia, um gesto, um ar de melancolia, um breve sorriso que traísse o infinito na sua irredutibilidade finita. Porém, nada! Observo-o com vagar da cabeça aos pés, buscando a brecha por onde se escape a luz do infinito. Nada! É um bloco sólido. O seu procedimento? Firme, integramente dedicado ao finito. O burguês endomingado que dá o seu passeio semanal a Fresberg não o pode ser mais; nem mesmo o merceeiro consegue ser tão completamente deste mundo como ele! Não há o que denuncie essa natureza estupenda e estranha na qual se reconheceria um cavaleiro do infinito. Alegra-se por tudo e por tudo toma interesse. Sempre que intervém em algo, procede com a perseverança própria do homem da terra cujo espírito está ocupado por minúcias e seus cuidados. Ele se integra realmente no que faz. Vendo-o, acredita-se estar em face de um escriba que tenha perdido sua alma na contabilidade de partidas dobradas de tanto ser meticuloso. Respeita os domingos. Vai à igreja. Nem um olhar com sinal celeste, nem mesmo um vestígio de incomensurabilidade o trai. Se nós não o conhecermos, será impossível diferenciá-lo do resto da congregação, pois aquele modo sadio e possante de cantar os salmos apenas pode provar que ele é possuidor de excelente peito. Após o almoço dirige-se para a floresta. Distrai-se com o que vê: o movimento da multidão, os novos autocarros, o espetáculo do Sund... e quando o achamos sobre o Strandvej, poderia considerar-se apenas como um merceeiro a espanejar-se. Pois, em sã verdade, ele não é poeta; inutilmente tenho buscado nele o indício da imensidade poética. À tardinha retorna à casa. O passo não denuncia maior cansaço do que o de um carteiro. A caminho sonha com a refeição que, certamente, a mulher lhe preparou para a volta; uma novidade — quem sabe? — uma cabeça de porco "au gratin" e, ainda mais, talvez bem-guarnecida... Se porventura encontra um seu semelhante, é bem possível que o acompanhe até Osterport, para conversar com ele sobre este prato com ardor digno de um hoteleiro. Por acaso, não possui dez centavos de seu, porém jura com firmeza que a mulher lhe reserva o petisco desejado. E se, por um feliz acaso, acontece o que vinha sonhando, que espetáculo digno de inveja para as pessoas de alto coturno e bem capaz de acender o entusiasmo da plebe, vê-lo à mesa! Nem Esaú apresentou assim um apetite igual! Curioso: se a mulher não preparar o prato ansiado, mantém exatamente o mesmo humor. Durante a caminhada, encontra um terreno para construir; topa um passeante. Palestra um instante e, num átimo, faz surgir uma casa — dispõe, aliás, de todos os recursos para isso. O estranho afasta-se dele convicto de que se trata, seguramente, de um capitalista, ao passo que o meu extraordinário cavaleiro diz com os seus botões: "Tenho a certeza de que se a situação me aparecesse eu me sairia dela sem dificuldade". Já em sua casa, apoia-se ao peitoril da janela aberta, observa a praça para a qual dá a sala e acompanha tudo o que acontece. Vê um rato fugir para dentro da sarjeta da rua, olha as crianças que brincam; tudo atrai o seu interesse. Possui, diante das coisas, a calma espiritual de uma moça de 16 anos. Não é, pois, um gênio. De noite, fuma cachimbo. Poder-se-ia dizer que é um salsicheiro na beatitude de um fim de jornada. Vive em despreocupação alegre. Entretanto, paga os favores do tempo, cada momento de sua vida pelo preço mais alto — pois a menor coisa é sempre feita em função do absurdo. E era motivo para pôr-se furioso, ao menos de ciúme, pois este homem realizou e completou, a todo instante, o movimento do infinito. Transmuda em resignação infinita a profunda melancolia da existência; conhece a ventura do infinito; sentiu a dor da renúncia total ao que mais ama no mundo — e, entretanto, saboreia o finito com tão pleno prazer como se não tivesse conhecido nada de melhor, não dá mostra de sofrer inquietação ou temor, diverte-se com uma calma tal que, dá a entender, nada existe de mais certo do que este mundo finito. E, entretanto, toda essa representação do mundo que ele figura é uma nova criação do absurdo. Fez-se resignado infinitamente a tudo para tudo reaver pelo absurdo. Frequentemente realiza o movimento do infinito, com tanta segurança e precisão que incessantemente consegue o finito sem que se possa suspeitar a existência de outra coisa. Suponho que, para um bailarino, o esforço mais difícil está em colocar-se, com um só movimento, na posição exata, sem um segundo de vacilação. Pode ser que não exista um acrobata com tanta habilidade e domínio de si: possui-a porém o meu cavaleiro. Muitos vivem presos pelos cuidados e pelos prazeres do mundo: parecem-se com aqueles que vão à festa sem dançar. Os cavaleiros do infinito são dançarinos aos quais não falta elevação. Saltam para o ar e logo tornam a cair, o que não deixa de ser um passatempo engraçado e nada desagradável à vista. Contudo, sempre que tornam a cair não podem, logo no primeiro instante, manter inteiro equilíbrio. Por momentos hesitam, com indecisão, o que logo demonstra que são estranhos no mundo. Essa vacilação é mais ou menos acentuada de acordo com a sua mestria, porém nem o mais hábil pode dissimulá-la inteiramente. É inútil vê-los no ar. É bastante atentar para o instante em que tocam e se afirmam no solo, é aí que são reconhecidos. Tornar, entretanto, a cair de tal maneira que se dê a impressão do êxtase e da marcha a um só tempo; transformar em andamento normal o salto, exprimir o impulso sublime num passo terreno, aí está a única maravilha de que somente o cavaleiro da fé é capaz.

Como tal prodígio pode levar ao erro, vou fazer a descrição dos movimentos em um caso exato capaz de aclarar a sua relação com a realidade — pois o essencial do problema está aí. Apaixona-se um jovem por uma princesa e, de modo tal, que a substância de sua existência está concentrada nesse amor. Contudo a situação não permite que o amor se concretize, isto é, não é possível traduzir a idealidade em realidade. Os escravos miseráveis, sapos que permanecem atolados no pântano da vida, exclamarão certamente: que disparate, esse amor! A rica viúva do cervejeiro é um ótimo partido, tão conveniente como sério... Deixemos que eles coaxem tranquilamente no lodaçal. O cavaleiro da resignação infinita não os ouve, nem mesmo pela maior glória deste mundo renuncia ao seu amor. Não é tão pateta assim. Principia por ter a certeza de que esse amor significa para ele realmente a substância da vida. Sente a alma bastante sadia e orgulhosa para permitir que o acaso se apodere da mais íntima parcela de seu destino. Não se trata de um covarde pois não teme que o seu afeto invada até o âmago dos seus mais escondidos pensamentos nem que envolva, como uma rede apertada, uma a uma das articulações da consciência; e ainda que o torne infeliz nunca se poderá dele separar. Sente então deliciosa voluptuosidade deixando-o vibrar em cada um de seus nervos; entretanto a sua alma vive a mesma solenidade que a daquele que esvaziou a taça de veneno e sente que o líquido se infiltra, gota a gota, no sangue... pois esse momento é vida e morte. Quando desse modo absorveu inteiramente o amor e nele mergulhou, possui ainda a coragem de tudo ousar e arriscar. Com apenas um relancear de olhos abrange toda a existência, reagrupa os seus velozes pensamentos que, tais pombos de volta ao ninho, acorrem ao menor sinal; agita a varinha mágica e então todos partem ao sabor do vento. Contudo quando retornam, tais tristonhos mensageiros, para lhe dar a notícia da impossibilidade, conserva-se calmo, agradece-lhes e, estando só, começa o seu movimento. Isto que acabo de dizer apenas tem sentido se o movimento se realiza normalmente[2]. Inicialmente o cavaleiro deve possuir a força de concentrar toda a substância da existência e todo o significado da realidade em apenas um desejo. Caso não o consiga, a alma acha-se, desde o princípio, dispersa no múltiplo e nunca poderá vir a realizar o movimento. Procederá, na vida, com a prudência dos capitalistas que colocam a fortuna em diversos valores da bolsa para ganhar em uns quando perdem em outros; em uma palavra, não se trata exatamente de um cavaleiro. Do que se chega à conclusão de que este deve ter a força de concentrar o resultado de todo o seu labor de reflexão em apenas um ato de consciência. Na ausência de tal concentração, a sua alma encontra-se, desde o início, dispersa no múltiplo; jamais terá tempo de efetuar o movimento, correrá sem cessar atrás das questões da existência, sem jamais entrar na eternidade; pois, no exato instante em que está pronto a atingi-la, notará, inesperadamente, que se olvidou de qualquer coisa, e daí a necessidade de dar meia-volta. Reflete então: "mais adiante terei oportunidade de efetuar o movimento", contudo, com essas considerações, jamais o conseguirá; ao contrário, assim agindo mais se afundará no lodaçal.

O cavaleiro realiza, portanto, o movimento; porém, qual? Porventura olvidará ele tudo, já que existe aí também uma espécie de concentração? Não! Pois o cavaleiro jamais se contradiz e existirá contradição em olvidar a substância de toda a sua existência enquanto se prossegue sendo o mesmo. Não sente qualquer vontade de se transformar em outro homem e de modo algum vê em tal transformação sinal de grandeza humana. Apenas as naturezas inferiores, olvidadas de si próprias, podem-se mudar em outro novo. Desse modo, a borboleta olvidou inteiramente que em certo dia fora larva; pode ser que se esqueça ainda de que foi borboleta e de modo tal que se converta em peixe. As naturezas profundas jamais perdem a lembrança de si próprias e jamais podem chegar a ser outra coisa senão o que já foram. O cavaleiro, pois, lembrar-se-á de tudo, porém essa lembrança será exatamente a fonte de sua desventura; entretanto, graças à sua infinita resignação, acha-se de bem com a vida. O seu amor pela princesa transformou-se, para ele, na expressão de um amor eterno, e assumiu um caráter religioso; transmudou-se em um amor cuja finalidade é o ser eterno, o qual, indubitavelmente, negou-se a favorecer o cavaleiro, porém, ao menos, acalmou-o dando-lhe a consciência eterna da legitimidade de seu amor, debaixo de uma forma de eternidade que nenhuma realidade lhe poderá tirar. São os moços e os insanos que se vangloriam de que tudo pode o homem; porém no mundo do finito há muitas coisas que são impossíveis. O cavaleiro, porém, torna o impossível possível olhando-o pelo ângulo do espírito, e exprime esse ponto de vista dizendo que renuncia a ele. O desejo, ávido de se transmudar em realidade, e que tropeçara com a impossibilidade, enfraqueceu-se no seu tribunal íntimo: porém nem por esse motivo se perdeu ou foi olvidado. E o cavaleiro sente, por vezes, os obscuros impulsos do desejo que despertam a lembrança; ou então ele próprio a provoca; pois é muito orgulhoso para admitir que aquilo que constituiu a substância de toda a existência tenha nascido de um breve momento. Conserva sempre jovem esse amor que à proporção que ambos envelhecem se faz sempre mais belo. Não quer de modo algum a intervenção do finito para auxiliar o crescimento de seu amor. Desde o momento em que efetuou o movimento, a princesa acha-se perdida para ele. Não precisa sentir esses arrepios de nervosismo que a paixão desperta na presença da bem-amada, nem outros fenômenos idênticos. Muito menos precisa dirigir-lhe, em sentido finito, perpétuos adeuses, já que dele tem uma lembrança eterna; sabe perfeitamente que os amantes sequiosos por se verem, ainda uma vez, têm motivos para mostrar esse interesse e para imaginarem que se encontram pela vez derradeira; pois ambos virão a fazer todo o possível para mutuamente se olvidarem um do outro. Descobriu esse imenso segredo que é que nos bastemos a nós mesmos quando amamos. Deixou, de ter interesse, de um ponto de vista material pelo que a princesa realizou, e nisso está exatamente a prova de que ele fez o movimento infinito. Aí aparece-nos a oportunidade de constatar se o movimento do Indivíduo é verdadeiro ou enganoso. Um existe que, imaginando tê--lo realizado, sentiu ao rodar o tempo, e tendo a princesa mudado de proceder (casou-se, por exemplo, com um príncipe) sentiu, afirmava eu, a sua alma perder a elasticidade da resignação. Deu-se conta prontamente de que não realizara o movimento como era preciso, pois quem se resignou infinitamente a si mesmo se basta. O cavaleiro não deixa a resignação, o seu amor mantém a frescura do primeiro instante, não o abandona jamais e isso exatamente porque efetuou o movimento infinito. O procedimento da princesa não poderia molestá-lo; nos outros as leis que determinam seus atos, e, fora deles, as premissas das suas determinações. Se, ao invés, a princesa está na mesma disposição espiritual, verá florir a beleza do amor. Ela mesma ingressará na ordem dos cavaleiros na qual não se é admitido por votação mas da qual é membro quem quer que tenha a coragem de se apresentar sozinho; ingressará nessa ordem que desse modo atesta a sua perenidade não estabelecendo diferença entre o homem e a mulher. Assim conservará a mocidade e a frescura de seu amor, desse modo terá feito calar o seu sofrimento, embora, conforme certa canção tradicional, não esteja todas as noites junto de seu senhor. Estes dois amantes terão assim realizado a sua união para a eternidade, numa *harmonia praestabilita* de tal modo indestrutível que, se chegasse algum dia o instante propício para a expressão de seu amor no tempo (do qual não têm preocupação finita se não conheceriam a velhice), encontrar-se-iam em condições de principiar o noivado no mesmo ponto em que teriam partido se tivessem se casado. Aquele que isto entende, homem ou mulher, jamais pode ser enganado, pois somente as naturezas inferiores supõem o que são. Nenhuma jovem à qual esteja faltando esta nobreza sabe amar realmente; porém aquela que a tem não poderá sentir-se decepcionada pelas astúcias e artimanhas do mundo.

A resignação infinita implica paz e repouso; aquele que a quer, aquele que não se diminuiu rindo-se de si mesmo (vício ainda mais perigoso que o excesso de orgulho), pode realizar a aprendizagem deste movimento, certamente doloroso, porém que encaminha para a reconciliação com a existência. A resignação infinita é semelhante à camisa do velho conto: o fio tece-se com lágrimas, lava-se com lágrimas, costura-se a camisa ainda com lágrimas, porém, ao fim, defende mais do que ferro e aço. O defeito da lenda é que um outro pode tecer o pano. Ora, o segredo da existência está em que cada qual deve costurar sua própria camisa e, coisa interessante, o homem, pode realizá-lo tão bem quanto uma mulher. A resignação infinita implica repouso, paz e consolo no imo da dor, sempre debaixo da condição de que o movimento seja realizado normalmente. Eu não teria, entretanto, muito trabalho se desejasse redigir um grosso volume onde analisasse os desprezos de toda casta, as situações inteiramente mudadas, os movimentos abordados que pude observar no curso de minha modesta experiência. Crê-se excessivamente pouco no espírito e, entretanto, ele é indispensável para efetuar este movimento, que importa não seja apenas o resultado de uma *dura necessitas,* a qual, quanto mais vai agindo tanto mais duvidoso faz o seu caráter normal.

Se, por hipótese, se pretende que a fria e inócua necessidade deve interferir obrigatoriamente no movimento, declara-se, assim, que ninguém pode viver a morte antes de falecer realmente, o que me parece que seja um grosseiro materialismo. Em nossos dias, porém, não existe que se dê ao trabalho de realizar movimentos puros. Se alguém, pretendendo aprender a dançar, refletisse: "Durante muitos séculos gerações sucessivas estudaram e aprenderam as posições; já é tempo que eu tire disto qualquer proveito e por isso vou imediatamente dedicar-me às danças francesas", as pessoas com certeza se ririam; porém, ao adentrar o mundo do espírito, este raciocínio faz-se perfeitamente cabível. Pois que coisa é a cultura? Eu sempre cri que fosse o ciclo que o Indivíduo percorria para atingir ao conhecimento de si mesmo; e aquele que não quer segui-lo tira um muito mesquinho proveito de ter nascido na mais esclarecida das épocas.

A resignação infinita é o último estágio que antecede a fé, visto que ninguém a atinge sem ter efetuado previamente esse movimento; pois é na resignação infinita que, antes de qualquer coisa, tomo consciência de meu valor eterno, e só então pode-se alcançar a existência deste mundo pela fé.

Atentemos agora para o cavaleiro da fé no caso citado. Procede exatamente como o outro; renuncia infinitamente ao amor, substância da sua existência; acalmou-se na dor; então verifica-se a maravilha; efetua um movimento muito mais surpreendente do que todos os antecedentes. Efetivamente afirma: "Eu acredito, sem reserva, que alcançarei aquilo que eu amo em razão do absurdo, em razão de minha fé de que tudo é possível a Deus". O absurdo não pertence às distinções entendidas no quadro próprio da razão. Não pode ser identificado com o inverossímil, o inesperado, o imprevisto. No instante em que o cavaleiro se resigna, convence-se, conforme o alcance humano, da impossibilidade. Este é o resultado do exame racional que tem a energia de fazer. Contudo, ao invés, do ponto de vista do infinito, ainda permanece a possibilidade no imo da resignação; porém esta posse é, também, uma renúncia sem ser contudo por esse motivo um absurdo para a razão, já que esta mantém o direito de afirmar que, no mundo finito onde ela é soberana, a coisa é e continua sendo uma impossibilidade. O cavaleiro da fé possui ainda lúcida consciência desta impossibilidade; somente pode salvá-lo o absurdo, o que concebe pela fé. Reconhece, portanto, a impossibilidade e, ao menos tempo, acredita no absurdo; pois se alguém supõe ter a fé sem reconhecer a impossibilidade de todo o seu coração e com toda a paixão de sua alma, ilude-se a si mesmo e o seu testemunho é completamente inaceitável, porque nem mesmo atingiu a resignação infinita.

A fé não é, pois, um impulso de ordem estética; é de outra ordem muito mais alta, exatamente porque pressupõe a resignação. Não é o instinto imediato do coração, porém o paradoxo da vida. Deste modo, quando uma moça, não obstante todas as dificuldades, mantém a certeza de que seu desejo se confirmará, essa convicção nada tem a ver com a fé, não obstante a sua educação cristã e um ano inteiro de catecismo. Está convicta por se tratar de ingênua e inocente mocinha. Tal convicção enobrece-lhe o ser, indubitavelmente, conferindo-lhe uma grandeza sobrenatural, e, de tal modo, que pode, como um taumaturgo, conjurar as forças finitas da existência e mesmo fazer chorar as pedras, enquanto que, de outra parte, consegue também, em meio à sua perplexidade, dirigir-se quer a Herodes quer a Pilatos, comovendo todo o mundo com as suas queixas. Tal procedimento é muito louvável e, com esta moça, pode-se aprender inúmeras coisas, menos uma: a arte dos movimentos; pois a sua convicção não ousa encarar de frente a impossibilidade nem aceitar a dor da resignação.

É-me permitido, pois, afirmar que é necessário possuir força, energia e liberdade espiritual para efetuar o movimento infinito da resignação, também para que a sua execução se possibilite. Contudo, o resto deixa-me estupefato. O cérebro faz rodopios em minha cabeça; pois após ter efetuado o movimento da resignação e tudo conseguir em razão do absurdo, ver desse modo realizado de forma integral todo o desejo, está além das forças humanas: é uma maravilha. Posso ver, porém, que a certeza da moça não é senão leviandade se a compararmos com a inquebrantável firmeza da fé, ainda mesmo quando tenha reconhecido a impossibilidade. Sempre que eu pretendo realizar esse movimento, meus olhos ficam turvos ao mesmo tempo que uma admiração ilimitada toma conta de mim e uma horrível angústia me esmaga a alma. Que significa isto, efetivamente, senão tentar a Deus? Entretanto, este é o movimento da fé; e será sempre, ainda que a filosofia, para obscurecer os conceitos, queira fazer-nos crer que é ela que está de posse da fé, ainda que a teologia pretenda agrilhoá-la a si com todo empenho.

A resignação não implica a fé; pois aquilo que eu obtenho no imo da resignação é a minha consciência eterna; e isso constitui um movimento estritamente filosófico que eu tenho a ousadia de realizar quando é requerido e que posso infligir a mim mesmo; pois sempre que uma circunstância finita vai me ultrapassar, imponho a mim mesmo o jejum até o momento de efetuar o movimento; pois a consciência de minha eternidade é o meu amor para com Deus e este tudo representa tudo para mim. Para que alguém se resigne, a fé não é indispensável, mas ela é necessária para conseguir a mínima coisa para além de minha consciência eterna: esse constitui o paradoxo. Confundem-se muitas vezes os movimentos. Afirma-se ser preciso a fé para tudo renunciar; torna-se vulgar escutar, o que ainda é mais estranho, pessoas que se lamentam de ter perdido a fé e quando alguém busca descobrir que grau da escala atingiram, constata-se, com espanto, que alcançaram, exatamente, o ponto em que devem realizar o movimento infinito da resignação. Por ela renuncio a tudo; é um movimento que eu efetuo sozinho e, se me abstenho, é em razão da covardia, da moleza, da ausência de entusiasmo; não possuo, pois, o senso da elevada dignidade, mais eminente que a do censor geral de toda a república romana. Faço esse movimento graças ao meu próprio esforço, e a minha recompensa sou eu mesmo na consciência de minha eternidade, imerso em uma bem-aventurada harmonia com o meu amor pelo ser eterno. Pela fé, a coisa alguma renuncio; pelo contrário, tudo recebo, e, o que ainda é mais admirável, no sentido atribuído àquele que tem tanta fé "como um grão de mostarda", pois poderá, então, transportar montanhas. É preciso uma coragem puramente humana para renunciar a toda a temporalidade a fim de obter a eternidade, porém, ao menos eu a conquisto e não posso, já na eternidade, renunciar a ela sem cair em contradição. Torna-se indispensável, porém, a humilde coragem do paradoxo para atingir então toda a temporalidade em razão do absurdo, e coragem semelhante somente a dá a fé. Por ela, Abraão não renunciou a Isaac; por ela, ao invés, obteve-o. Aquele jovem rico poderia desfazer-se de quanto possuía em troca da resignação; após isso, o cavaleiro da fé poderia ter-lhe dito: "Recuperarás cada um de teus centavos por meio do absurdo; crês nisso?" E tais palavras não devem ser, de modo algum, indiferentes ao jovem; pois se porventura tudo deu porque estava cansado, a sua resignação deixa muito a desejar.

Todo o problema está na temporalidade, no finito. Posso, pelas minhas forças, renunciar a tudo e adiar a paz, e o repouso na dor. Posso, finalmente, a tudo me acomodar: ainda que o cruel demônio, mais horrível do que a morte, terror dos homens, ainda que a loucura me aparecesse aos olhos na sua vestimenta de bufão e me fizesse entender pelo aspecto que chegara para mim a vez de o vestir, podia ainda salvar a alma, se, acaso, fosse para mim mais importante o triunfo do meu amor para com Deus do que a ventura terrena. Um homem pode mesmo, nesse derradeiro momento, concentrar toda a sua alma em apenas um olhar para o céu de onde flui todo o dom perfeito, e esse olhar será entendido por ele e por aquele que busca, como sinal de que permanece, não obstante tudo, fiel ao seu amor. Vestirá, então, com tranquilidade, a vestimenta da loucura. A alma, desse modo despida do romantismo vendeu-se, fosse pelo preço de um reino, fosse por uma ínfima moeda de prata. Não consigo, contudo, alcançar pelas minhas próprias forças a menor coisa que participe do mundo finito; pois, constantemente, utilizo minha força em tudo renunciar. Posso de livre vontade renunciar à princesa, e em vez de me lamentar, devo atingir a alegria, paz e descanso na dor; porém não posso, pelos meus próprios meios, tornar a consegui-la, pois toda minha força emprego em renunciar a ela. Pela fé, porém, diz o assombroso cavaleiro, pela fé tu alcançarás a princesa em razão do absurdo. Ai de mim, que me não é dado efetuar esse movimento. Quando eu o intento, então tudo se transforma e torno a esconder-me na dor da resignação. Posso muito bem nadar no vazio, peso porém demasiado para efetuar esse movimento místico. Não consigo existir de modo tal que a minha oposição à existência traduza, a cada instante, a mais maravilhosa e a mais serena harmonia com ela. E, entretanto, deve ser estupendo alcançar a princesa. Com frequência eu o repito. O cavaleiro da resignação que não o afirma um mentiroso que jamais conheceu o menor desejo, nem sequer soube conservar a juventude do desejo no imo da dor. Talvez deva dar-se por feliz porque se lhe secou a fonte do desejo e ter embotado a flecha da dor: porém não é um cavaleiro. Uma alma bem-nascida que em si mesma descobrisse tais sentimentos desprezar-se-ia e tornaria ao começo e, especialmente, não suportaria ser o agente da sua própria ilusão. E, entretanto, deve ser extraordinário conseguir a princesa. Entretanto, o cavaleiro da fé, é o único venturoso, o herdeiro direto do mundo finito, ao passo que o cavaleiro da resignação é um estranho vagabundo. O prodigioso é conseguir também a princesa, viver alegre e venturoso, dia após dia, com ela, (porém é de se crer que o cavaleiro da resignação consiga também a princesa; a minha alma, contudo, viu com clareza a impossibilidade de sua ventura no porvir). O prodigioso é viver a cada instante assim feliz e contente em razão do absurdo, vendo a cada momento a espada erguida sobre a cabeça da bem-amada, achando, não o descanso na dor da resignação, porém a alegria em razão do absurdo. Aquele que disso for capaz é grande, é o único homem realmente grande, e só o pensar naquilo que ele efetua, enche-me a alma de emoção, pois jamais recusei admirar as grandes ações.

Se hoje cada qual de meus coetâneos, negando-se a recorrer à fé, avaliou precisamente o que existe de terrível na existência e entendeu Daub quando afirma que um soldado, sozinho, com a arma carregada, ao pé de um paiol de pólvora, em uma noite tempestuosa, nutre estranhos pensamentos; se em verdade cada qual daqueles que se furtarem a recorrer à fé tem a fortaleza de alma necessária para entender que o desejo era irrealizável e pode permanecer sozinho com esse pensamento; se cada qual dos que se negam a permanecer na fé encontrou a paz na dor e por meio dela; se cada qual pôde efetuar, além do mais, o prodigioso (e se porventura não fez o precedente, não tem razão para se queixar, pois se trata realmente da fé); se tornou a conseguir as coisas deste mundo em razão do absurdo, então estas linhas são o maior elogio que se fez aos homens de minha época, escrito por um deles, que apenas pôde efetuar o movimento da resignação. Então, por que motivo não se conserva na fé, pois escutamos, às vezes, afirmar que as pessoas ficam coradas ao confessarem que têm fé? Aí está o que eu não consigo entender. Se alguma vez pudesse efetuar esse movimento, partiria para o futuro em uma carruagem puxada a quatro cavalos.

E é assim efetivamente. Porventura o espírito da mesquinha burguesia que eu analiso na existência e que não considero pelas minhas palavras, porém por meus atos, não será realmente o que assemelha? E ela será o verdadeiro prodígio? Podemos admiti-lo, pois o nosso herói da fé oferta a uma visível identidade com esse espírito; não era um humorista nem um sujeito irônico, porém de qualquer coisa muito diversa. Nos dias atuais diz-se muito de ironia e de humor, especialmente aquelas pessoas que jamais conseguiram fazer algo porém que, não obstante isso, sabem explicar tudo. Por mim, não ignoro essas duas paixões, sei um pouco mais a respeito delas do que o que se fala nas coleções alemãs e germano-dinamarquesas. Sei, consequentemente, que são em sua essência diferentes da paixão da fé. A ironia e o humor refletem-se em si mesmos e pertencem, por esse motivo, à esfera da resignação infinita; acham os seus motivos no fato de o indivíduo ser incomensurável com a realidade.

Não obstante o mais vivo desejo, não posso realizar o derradeiro, o paradoxal movimento da fé, seja ele um dever ou outra coisa. Possui alguém o direito de afirmar que pode realizá-lo? A ele cabe decidir; é assunto entre ele e o ser eterno, objeto da fé, saber se pode a tal propósito, acomodar-se. O que está ao alcance de qualquer homem é o movimento da resignação infinita e, no que me diz respeito, não vacilaria em acusar como covarde aquele que se considerasse incapaz de o concretizar. Em relação à fé, contudo, já é uma outra questão. Não se permite a quem quer que seja fazer crer aos outros que a fé possui pouca importância ou é coisa fácil, quando é, ao contrário, a maior e a mais dolorosa de todas as coisas.

A história de Abraão é interpretada de um modo diferente. Comemora-se a graça de Deus que conferiu Isaac pela segunda vez; em toda a história não se observa senão uma prova. Uma prova: é dizer muito e pouco; e entretanto, decorreu em menos tempo do que se demora em narrá-lo. Cavalga-se o Pégaso e, num átimo, eis chegado ao Morija, avista-se o cordeiro; olvida-se que Abraão fez a caminhada ao passo moderado de seu burro, que demorou três dias em viagem e que precisou dispor de um pouco de tempo para acender o fogo, amarrar Isaac e amolar a faca.

Entretanto, faz-se o panegírico de Abraão. O pregador pode dormir tranquilo até o derradeiro quarto de hora que precede o seu discurso, e o auditório pode ressonar ouvindo-o, pois de uma parte e da outra, tudo acontece sem dificuldades nem inconvenientes. Contudo, se está na assembleia um homem sofrendo de insônia, talvez volte para casa e, sentando-se em seu canto, medite: "Tudo isso se resume em um instante; aguarda somente um instante, enxergarás o cordeiro e a prova terá terminado". Se o orador o surpreende nesta disposição, suponho que vai encaminhar-se para ele, muito digno, para o interpelar: "Miserável! Como podes entregar tua alma a tal insânia! Não existe qualquer prodígio e toda a existência é uma prova!" E à proporção que vai falando, acende-se em furor, sente-se cada vez mais satisfeito consigo mesmo; e de tal modo que, se no correr do sermão a respeito de Abraão não sofresse congestão, sente que agora as veias se lhe incham na testa. E quiçá termine mesmo por perder o fôlego e a palavra, se o pecador lhe retrucar com tranquila dignidade: "Olha que eu desejara pôr em prática o teu sermão do domingo passado".

Ou precisamos acabar definitivamente com a história de Abraão, ou então temos de entender o espantoso e incrível paradoxo que dá significação à sua existência, a fim de que possamos compreender que o nosso tempo pode ser venturoso, como qualquer outro, se estiver de posse da fé. Se Abraão não é um zero, um fantasma, um personagem de opereta, o pecador jamais será culpado de tentar imitá-lo; porém é conveniente reconhecer a grandeza de seu procedimento para aquilatar se tem a vocação e a audácia de enfrentar uma tal prova. A única contradição do pregador está em que faz de Abraão um personagem sem significado, ao mesmo tempo que conclama a que o tomemos como exemplo.

É necessário portanto evitarmos pregar a respeito de Abraão? Acredito, entretanto, que não. Se acaso tivesse de discorrer sobre ele, pintaria antes de tudo a dor da prova. Para finalizar sorveria como sanguessuga toda a angústia, toda a miséria e todo o martírio do sofrimento paternal para apresentar o de Abraão, fazendo ressaltar que, em meio a suas aflições, ele continuava crendo. Relembraria que a viagem durou três dias e mesmo uma grande parte do dia seguinte; e ainda esses três dias e meio duraram infinitamente maior tempo do que os milhares de anos que me distanciam do patriarca. Quando atingisse esse ponto, recordaria que, de acordo com a minha opinião, todos têm a faculdade de executar meia-volta antes de escalar Morija, que todos podem a todo momento arrepender-se da sua determinação e retornar para casa. Procedendo desse modo, não corro qualquer risco nem temo, mesmo, acordar em alguns o desejo de sofrerem a prova assim como fez Abraão. Porém, se alguém deseja introduzir uma edição popular de Abraão convidando todos a que o imitem, cai no ridículo.

É agora o meu objetivo tirar da sua história, sob forma problemática, a dialética que comporta para ver que incrível paradoxo é a fé, paradoxo capaz de transformar um crime em ato santo e agradável a Deus, paradoxo que devolve a Abraão o seu filho, paradoxo que não pode ser reduzido a qualquer raciocínio, pois a fé principia exatamente onde termina a razão.

## Problema I
## Existe uma suspensão teleológica da moralidade?

A moralidade, por si mesma, está no geral, e sob este aspecto aplica-se a todos. O que pode, de outra parte, exprimir-se dizendo que se pode aplicar a cada momento. Descansa imanente em si própria, sem ter nada exterior que constitua o seu TELOS, sendo ela própria TELOS de tudo quanto lhe seja exterior; e desde que se tenha integrado nesse exterior não vai mais além. Tomado como ser imediato, sensível e psíquico, o Indivíduo é o Indivíduo que possui o seu TELOS no geral; a sua missão moral reside em exprimir-se constantemente, em livrar-se de seu caráter de indivíduo para atingir a generalidade. Está em pecado o Indivíduo que reivindica a sua individualidade diante do geral, e não pode estar bem com ele a não ser que o reconheça. Sempre que o Indivíduo, após ter ingressado no geral, se sente inclinado a pedir de volta a sua individualidade, ingressa em uma crise da qual apenas se libertará por meio do arrependimento e abandonando-se, como Indivíduo, no geral. Se este é o fim supremo destinado ao homem e à sua existência, a moralidade é participante então de idêntica natureza da eterna ventura do homem, a qual constitui a cada instante, e para todo o sempre, o seu TELOS, pois existiria contradição em dizer-se que ela pode ser desprezada (isto é, teleologicameute suspensa) visto que, desde o instante em que se suspendeu, está perdida, ao passo que estar suspenso não quer dizer perder-se, porém manter-se na esfera superior que é o seu TELOS. Se isto acontece, quando Hegel proclama o homem apenas como Indivíduo no seu capítulo: *O bem e a consciência,* está com a razão em considerar essa determinação como uma "forma ética do mal" (cf. especialmente a *Filosofia do direito*) que precisa ser suprimida na teleologia da moralidade, de maneira que o Indivíduo que permanece nesse estágio, ou peca ou ingressa na crise. Ao contrário, comete erro quando fala da fé, ainda está em erro por não protestar com voz bem alta e poderosa contra a veneração e a glória de que Abraão desfruta como o pai da fé, visto que o seu processo merece uma revisão para que seja proscrito como assassino. Efetivamente, é a fé esse paradoxo conforme o qual o Indivíduo está acima do geral, porém de tal modo que, e isso é importante, o movimento torne a repetir-se e, consequentemente, o Indivíduo, após ter ficado no geral, esteja isolado logo depois, como Indivíduo acima do geral. Se este não é o conteúdo da fé, Abraão está perdido, jamais houve fé no mundo, pois nunca ela passou do geral. Deste modo, se aquilo que julgamos moral (ou o virtuoso) representa o mais elevado estágio, se ao homem não resta nada de ilimitado a não ser o mal, isto é, o particular que precisa exprimir-se no geral, são-nos suficientes as categorias da filosofia grega ou as que de modo lógico dela são deduzidas. E, tendo em conta que estudou os gregos, Hegel não devia tê-lo escondido.

Necessitando de profundos estudos e utilizando e abusando de certas frases, ouve-se dizer a algumas pessoas que uma luz brilhante aclara o mundo cristão, ao passo que o paganismo se encontra imerso em trevas. Esta linguagem sempre me pareceu esquisita, quando, ainda nos dias atuais, todo pensador refletido, todo articulista sério remoça na eterna juventude do povo grego. A frase tem a sua explicação no fato de que se ignora aquilo que se deve dizer, porém somente que se tem de dizer alguma coisa. É uso ir-se sempre repetindo que o paganismo foi isento de fé; contudo se alguém imagina ter explicado qualquer coisa deste modo, é então necessário esclarecer-nos um pouco melhor do que se deve compreender por fé, pois de outra maneira recai-se outra vez era frases desconexas. É simples explicar toda a vida, inclusive a fé sem que se tenha a ideia exata do que esta representa e aquele que especula a respeito da admiração provocada pela sua teoria, não faz mau cálculo; pois, como afirma Boileau, "um tolo acha sempre um tolo ainda maior que o admire".

A fé é exatamente aquele paradoxo conforme o qual o Indivíduo se acha como tal acima do geral, sobre ele inclinado, (não em situação de inferior, ao contrário, sendo-lhe superior) e sempre de um modo tal que, diga-se, é o Indivíduo quem depois de ter estado como tal subordinado ao geral, consegue ser agora, graças ao geral, o Indivíduo, e assim sendo superior a este; de modo que o Indivíduo como tal acha-se em uma relação absoluta com o absoluto. Esta posição foge à mediação que se realiza sempre em virtude do geral. Ela é e conserva-se eternamente um paradoxo inacessível ao pensamento. A fé é este paradoxo; se assim não acontecer (são estas as consequências que eu suplico ao leitor tenha sempre presentes em seu espírito, pois seria cansativo relembrá-las a todo instante), se assim não acontecer, nunca houve fé; por outros termos, Abraão está perdido.

Que o Indivíduo enfrente o risco de confundir este paradoxo com uma crise religiosa, estou de acordo, porém não é razão bastante para ocultá-lo. Também é certo que o sistema de alguns pensadores os leva a serem rechaçados pelo paradoxo, porém isto não é motivo bastante para falsear a fé com o fito de a integrar no sistema; é antes melhor confessar que a não possuem deixando àqueles que a têm a possibilidade aberta de darem regras que facultem compreender o paradoxo da dúvida religiosa.

A história de Abraão suporta esta suspensão teleológica da moralidade. Jamais faltaram espíritos argutos nem eruditos para encontrar casos idênticos. Partem deste lindo princípio: que, no imo, tudo é o mesmo. Se atentarmos bem, duvido muito que se ache uma só analogia na história universal, exceto um caso ulterior que nada vem provar, quando ficou estabelecido que Abraão representa a fé, e que é nele normalmente que ela tem sua expressão, nele cuja existência não é somente a mais paradoxal que se possa imaginar, porém de tal modo paradoxal que resulta inteiramente impossível imaginá-la. Movimenta-se em razão do absurdo; pois o absurdo consiste em que está como Indivíduo acima do geral. Tal paradoxo escapa à mediação; se Abraão a tenta, tem necessidade então de confessar que está em plena crise religiosa e, em condições semelhantes, jamais pode vir a sacrificar Isaac; ou, se o fizer, é-lhe necessário arrepender-se e reintegrar-se no geral. Outra vez obtém Isaac em razão do absurdo. No lance, porém, não é em um só instante herói trágico, porém algo muito diverso: um crente ou um assassino. Falta-lhe a instância intermediária que salva o herói trágico. Este, pois, eu posso entender, porém não Abraão, mesmo que, sem motivo razoável, o admire mais do que a qualquer outro homem.

Sob o ponto de vista moral, a situação de Abraão em relação a Isaac torna-se mais simples, dizendo que o pai deve amar o seu filho mais do que a si mesmo. Entretanto, a moralidade comporta dentro de sua esfera vários graus; trata-se de saber se achamos nesta história uma expressão superior de moralidade que possa explicar, moralmente, o procedimento de Abraão e de o autorizar moralmente a suspender o seu dever moral em relação ao filho sem, entretanto, sair da teleologia deste domínio.

Quando se deixa suspensa uma empreitada que diz respeito ao destino de todo um povo, quando está é impedida por uma desgraça que vem do céu, quando a deidade irritada impõe ao mar inesperada calma que desafia todos os esforços, quando o áugure realiza a sua tarefa e afirma que o deus reclama o sacrifício de uma jovem, o pai deve então, de modo heroico, realizar tal sacrifício. Esconderá nobremente o seu sofrimento, não obstante o desejo de ser o "homem inexpressivo que se atreve a chorar", e não o rei obrigado a proceder como tal. E se, em sua solidão, o coração se lhe enche de dor, não possuindo entre o seu povo senão três confidentes, logo todos os súditos saberão de sua desgraça e a nobre ação de consentir, no interesse geral, o sacrifício de sua virgem e amada filha. "Ó, busto encantador, oh belas faces, cabelos loiros, e dourados" (Cf. em Aul. v. 687). A filha, em lágrimas, comoverá seu coração, porém desviando os olhos, o herói erguerá a faca. Quando a nova chegar ao país dos antepassados, as lindas virgens da Grécia vão inchar-se de entusiasmo, e se a vítima fora noiva, o noivo não se deixará inflamar de furor porém se sentirá cheio de orgulho por participar na nobre ação do pai, pois a desventurada estava ainda mais ternamente unida a ele do que ao autor de seus dias.

Quando o valente juiz, que na hora difícil salvou Israel, se une a Deus pelo mesmo voto, deve então transmudar, heroicamente, em tristeza a alegria da virgem, o júbilo da filha bem-amada e todo o Israel pranteará com ela a sua esplendente mocidade. Contudo, todo homem bem-nascido, toda mulher generosa entenderá Jefté e todas as virgens de Israel sentirão inveja da virgem sacrificada; pois de que serviria a vitória assim conquistada pelo voto, se Jefté o não respeitasse? Não seria ela suprimida de seu povo?

Quando acontece que um filho não realiza o seu dever e o Estado confia ao pai o gládio da justiça, quando as leis exigem que o castigo seja imposto pela própria mão paterna, aquele deve, de modo heroico, olvidar-se de que o culpado é seu filho, e até mesmo ocultar seu sofrer; porém não existe ninguém entre o povo, nem sequer o seu filho, que não o admire e todas as vezes que fizerem referência às leis de Roma, lembrar-se-á que muitos foram os que sabiamente as comentaram, porém nenhum de modo mais estupendo do que Brutus. Contudo se Agamemnon, ao passo que um vento favorável enchia as velas da frota e o levava ao porto, tivesse enviado o mensageiro para trazer Ifigênia e levá-la ao sacrifício; se Jefté, sem estar preso a um voto de que dependessem os destinos de seu povo, tivesse falado à filha: "chora por dois meses a tua fugaz mocidade, pois eu te vou sacrificar", se Brutus houvesse tido um filho irrepreensível e apesar disso ordenasse aos lictores que o executassem, quem os poderia compreender? Se, respondendo à pergunta: "por que procedestes assim?", tivessem dito: "é uma prova a que fomos submetidos", ainda assim tê-los-iam entendido melhor?

Quando Agamemnon, Jefté, Brutus, no momento decisivo, dominam de modo heroico o sofrimento, quando, perdido o objeto de sua adoração, somente lhes resta realizar o sacrifício exterior, pode acaso existir no mundo qualquer alma nobre que não derrame lágrimas de piedade pela sua desventura e de admiração pela sua proeza? Contudo, se no exato momento em que precisam demonstrar o heroísmo com que aguentam a tristeza, esses três homens deixassem ouvir esta simples frase: "isto não acontecerá" — quem poderia compreendê-los já? E se ajuntassem como esclarecimento: "nós assim o acreditamos porque é absurdo", quem mais os entenderia? Pois se o absurdo de sua explicação é fácil de se compreender já o mesmo não acontece com a fé no absurdo.

A diferença que distancia o herói trágico de Abraão é evidente, O primeiro prossegue ainda na esfera moral. Para ele toda a expressão da moralidade possui o seu TELOS em uma expressão superior da moral; limita essa relação entre pai e filho, ou filha e pai a um modo de sentir cuja dialética é referente à ideia da moralidade. Consequentemente não temos aqui uma suspensão teleológica da moralidade em si mesma.

Muito outro é o caso de Abraão. Através de seu ato foi além de todo estágio moral; tem para além disso um TELOS diante do qual suspende esse estágio. Pois eu gostaria de conhecer como é possível reconduzir o seu procedimento ao geral, como é possível descobrir entre o seu procedimento e o geral uma outra relação que não aquela de o ter ultrapassado. Não está agindo para a salvação de um povo, nem para defender a ideia do Estado, nem mesmo para apaziguar os deuses zangados. Se nos fosse possível evocar a cólera da deidade, essa ira teria unicamente por objetivo Abraão, cujo proceder é assunto estritamente particular, estranho ao geral. Deste modo, ao passo que o herói é grande pela sua virtude moral, Abraão o é por uma virtude inteiramente pessoal. Na sua existência, a moral não acha expressão mais elevada do que esta: o pai deve amar o filho. De modo algum pode-se considerar o moral no sentido do virtuoso. Se o procedimento de Abraão tivesse, de alguma maneira, participado do geral, estaria contido em Isaac e, por assim dizer, oculto em seus flancos, e teria então exclamado pela sua boca: "não procedas assim, destróis tudo".

Então, por que motivo o fez Abraão? Por amor de Deus, como de modo inteiramente idêntico, por amor a si próprio. Por amor de Deus porque exigia este essa prova de fé; e por amor a si próprio para realizar a prova.

Esta conformidade acha o seu termo apropriado na frase que sempre tem designado esta situação: é uma prova, uma tentação. Contudo, que significa isto de tentação? Em geral, pretende desviar o homem do dever; porém aqui a tentação é a moral, zelosa de impedir Abraão de concretizar a vontade de Deus. Que significa, então, o dever? A expressão da vontade de Deus.

Surge aqui a necessidade de uma nova categoria, se desejamos entender Abraão. O paganismo não conhece este tipo de relação com a deidade; o herói trágico não entra em relação particular com ela; para ele a moral é o divino, do que se conclui que o paradoxo se refere ao geral por mediação.

Abraão recusa essa mediação; em outras palavras: não pode falar. Assim que falo dou expressão ao geral, e se me mantenho calado, ninguém pode me entender. Quando Abraão quer exprimir-se no geral, é-lhe preciso dizer que a sua situação é aquela da dúvida religiosa, pois não dispõe de expressão mais elevada, vinda do geral, que fique acima do geral que ele ultrapassou.

Aí está porque ele me amedronta ao mesmo tempo que desperta a minha admiração. Aquele que a si mesmo se renega e sacrifica ao dever, renuncia ao finito para atingir o infinito; e não lhe falta firmeza; o herói trágico renuncia ao certo pelo que é mais certo, e o olhar descansa nele com confiança. Contudo aquele que renuncia ao geral para atingir algo mais alto, porém diverso, como age? Poderia afirmar-se que é uma coisa diversa de uma crise religiosa? E se isso é possível, porém o Indivíduo se iluda, que salvação pode haver para ele? Sofre todo o sofrimento do herói trágico, destrói a sua alegria terrena, renuncia a tudo e ainda enfrenta o perigo de fechar a si mesmo o caminho da alegria sublime, tão cara a seus olhos e que ele desejara conquistar a todo custo. Ao encará-lo, não se pode de modo algum entendê-lo nem pousar nele o olhar de confiança. Será, porventura, o fim que o homem propõe a seus esforços tão inalcançável como inconcebível? Se é alcançável, porém se ele se iluda a propósito da vontade divina, que salvação resta para ele? O herói trágico tem necessidade de lágrimas e reclama-as; e, qual é o homem que, ao fitar Agamemnon com olhar invejoso, ficaria de olhos enxutos e deixaria de chorar com ele? Qual seria, porém, a alma extraviada que se atreveria a prantear com Abraão? O herói trágico executa o seu ato em um momento exato do tempo; porém no correr do tempo realiza também uma ação diversa de não menor valor; visita aquele cujo peito opresso não consegue respirar nem suster os suspiros, aquele cuja alma se dobra ao peso da amargura, acabrunhada pelos pensamentos alimentados de lágrimas; surge-lhe, livra-a do triste encanto, corta os laços, seca as lágrimas; pois olvida-se de seus próprios sofrimentos ao pensar nos alheios. Não é possível chorar Abraão. Acercamo-nos dele com um *horror religiosus,* tanto quanto Israel ao acercar-se do Sinai. Contudo se o solitário que sobe a encosta do Morija, cujo cume ultrapassa a planície de Áulida em toda a altura do céu, não é senão um sonâmbulo caminhando calmamente para o abismo, ao passo que juntos da montanha erguemos os olhos, trêmulos de angústia, veneração e receio, sem atrever-nos a chamá-lo: que aconteceria se este homem tivesse o cérebro perturbado, se ele se tivesse iludido! — Graças sejam eternamente dadas ao homem que estende ao desventurado, assaltado pela angústia da existência e deixado nu sobre a estrada, a palavra, o vestuário verbal que lhe faculta ocultar a sua miséria; graças te sejam dadas, nobre Shakespeare, que podes dizer todas as coisas, absolutamente todas, tais quais elas são! Mas, entretanto, por que motivo jamais te referiste a este tormento? Talvez o tenhas conservado somente para ti, como se guarda o nome da bem-amada, para que sequer o mundo o pronuncie; pois um poeta adquire o poder dessa palavra que lhe propiciará exprimir todos os graves segredos daqueles que o rodeiam, pelo preço de um pequeno segredo que não pode confiar; e um poeta não é um apóstolo, exorciza apenas os demônios com o poder do diabo.

Contudo, quando a moral é deste modo ideologicamente suspensa, qual é então a vida do Indivíduo que sofre essa suspensão? Existe como o Indivíduo que se opõe ao geral. Pecará, ele, pois? Porque, conforme a ideia, existe aí uma forma de pecado; assim como a criança não peca porque ignora a sua existência como tal: de conformidade com essa ideia a sua existência não é menos pecaminosa, e a todo instante está sujeita às exigências da moral. Ao negar-se que tal forma serve à repetição de tal forma que não seja o pecado, Abraão está condenado. Como existe, então? Ele acredita. Este o paradoxo que o leva até ao extremo e que não pode tornar compreensível a ninguém, pois o paradoxo consiste em que se situa como Indivíduo numa relação absoluta com o absoluto. Está, porém, Abraão autorizado a tanto? Se está, eis outra vez o paradoxo, pois não o está em razão de uma participação qualquer no geral, porém na sua qualidade de Indivíduo.

Como é que, conseguintemente, o Indivíduo se convence de que está autorizado? É facílimo controlar a existência pela ideia do Estado ou da sociedade. Em tal caso, é igualmente fácil proceder à mediação; pois, efetivamente, não se toca de nenhum modo o paradoxo conforme o qual o Indivíduo está acima do geral; o que ainda posso exprimir de modo típico, dizendo como Pitágoras que o número ímpar é mais perfeito do que o número par. Se nos dias atuais escuta-se, por vezes, uma resposta no sentido do paradoxo, pode ser formulada deste modo: o resultado permite julgá-lo. Um herói, com tal consciência de ser um paradoxo incompreensível, desafia a sua época, ao mesmo tempo que a escandaliza, gritando-lhe: "o resultado demonstrará que eu tinha uma base, ao proceder como procedi". Ouve-se hoje muito escassamente este grito, pois se o nosso tempo tem o defeito de não produzir heróis, possui, em troca, a vantagem de nos fornecer deles poucas caricaturas. Quando em nossos dias se escuta esta apóstrofe, conhece-se prontamente a quem se tem a honra de falar. Aqueles que utilizarem esta linguagem formam um grupo numeroso e qualifico-os a todos como peões de xadrez. Existem em seus pensamentos, plenos de confiança na vida, gozam uma posição *segura* e têm opiniões firmes a respeito de um Estado bem-organizado; séculos, quiçá milênios, distanciam-nos das amarguras da vida; não temem que venturas semelhantes se repitam; que viriam a dizer a polícia e os jornais? A sua missão está em julgar os grandes homens e em julgá-los conforme os resultados. Uma atitude semelhante com respeito às coisas grandes indica uma esquisita mistura de orgulho e de miséria; de orgulho pois se consideram autorizados a julgar; de miséria pois não sentem nem a mais insignificante parcela de afinidade entre a sua existência e a dos grandes homens. Qualquer um que possua um grão de *erectioris ingenii* possui ao menos a vantagem de não vir a transmudar-se em um frio e flácido molusco; a ao tocar coisas grandiosas nunca perderá de vista que, desde a criação do mundo, foi sempre hábito e costume julgar o resultado último termo, e quando de fato se quer extrair uma lição das ações nobres faz-se preciso observar o seu início. Se o homem que deseja agir quer chegar de pronto ao resultado, nunca principiará nada. O herói desconhece se o resultado poderá vir e encher todo o mundo de contentamento, pois dele toma conhecimento quando o ato atinge a sua realização completa. E não é por esse motivo que se fez herói; foi herói porque principiou.

Além do mais, o resultado, ao passo que constitui a resposta do mundo finito ao problema infinito, é em sua dialética de uma natureza completamente diversa da existência do herói. Seria bastante, para provar o seu direito a agir como Indivíduo à frente do geral, o fato de Abraão ter conseguido Isaac por um *milagre*? Teria sido menos fundamentado o seu direito se na realidade tivesse sacrificado Isaac?

Entretanto, sente-se curiosidade pelo resultado como se se cuidasse da conclusão de um livro, não se quer conhecer nem um pouco da angústia, do sofrimento ou do paradoxo. Joga-se com o resultado; chega de maneira inesperada, porém não menos fácil do que um número premiado na loteria; e quando se escutou anunciá-lo, disseram-se logo edificados. E, entretanto, não existe ladrão de igreja condenado a trabalhos forçados, que seja um criminoso tão reles como aquele que especula com as coisas sagradas, e Judas, que vendeu o seu mestre pela quantia de trinta dinheiros, não é mais desprezível do que aquele que comercia com as ações heroicas.

É averso aos meus sentimentos discorrer sobre tão elevadas ações sem humanidade, deixá-las flutuando nos contornos indecisos de distanciados horizontes, manter a nobreza que elas encerram, evitando, entretanto, os seus caracteres humanos sem os quais deixam de ser grandes. Pois não é o que me acontece que me eleva, porém aquilo que eu pratico; e não há quem pense que se engrandece pelo fato de que lhe saiu o prêmio da loteria. A um homem de nascimento humilde exijo que não nutra a desumanidade de não poder apresentar-se no palácio do rei, dando-se por satisfeito com vê-lo de longe, em um vago sonho de magnificência, e ao mesmo tempo, de modo contraditório, erigindo-o e destruindo-o pelo fato de que esse palácio foi erguido em sua mente sem nobreza: exijo que seja o bastante homem para acercar-se do palácio, cheio de confiança e de dignidade. Não deve possuir a impudente desumanidade de calcar aos pés todas as conveniências pulando da rua para as câmaras do rei. Nessa conjuntura terá a perder mais do que o rei; ao invés disso, deve ter o prazer de observar a etiqueta, com alegre encanto e confiança em si mesmo, o que lhe propiciará uma coragem franca. Trata-se aqui tão somente de uma imagem: pelo fato de que esta diferença não é senão um equivalente muito imperfeito das distâncias que se notam no mundo do espírito. Exijo que o homem distancie de si todo pensamento desumano, que o faria inibido de penetrar nesses palácios, onde moram, não apenas a lembrança dos eleitos, porém eles mesmos. Não se deve caminhar por entre eles invocando um parentesco; em sadia verdade, cada qual deve sentir-se cheio de alegria sempre que se inclina diante deles, porém deve ao mesmo tempo ser ao menos mais valente e confiante do que uma criada de servir, pois nunca alguém será admitido neste círculo se não adquirir um pouco mais de educação. E achar-se-á consolo nessa angústia e nessa aflição que os grandes homens passaram; se assim não for, se não se tem um pouco de tutano nos ossos, esses grandes apenas fariam despertar um justo ciúme. E as coisas sublimes, apenas a distância, as coisas às quais se quer conferir uma elevação feita de palavras sem sentido, ficam, desse modo, reduzidas por tal motivo a si mesmas, a nada.

Quem atingiu neste mundo uma grandeza semelhante à dessa bendita mulher, a mãe de Deus, a Virgem Maria? Entretanto, como se fala dela? A sua grandeza não advém do fato de que é bendita entre as mulheres, e se uma extraordinária coincidência não induzisse a assembleia a refletir com a mesma desumanidade do pregador, qualquer moça poderia, certamente, indagar: "Por que motivo eu também não fui bendita entre as mulheres?" Se não tivéssemos outra resposta, de modo algum julgaria precisar rejeitar esta indagação, sob o pretexto de sua falta de senso; pois, no abstrato, diante um de um favor, todos possuem os mesmos direitos. Esquecem-se a tribulação, a angústia, o paradoxo. Meu pensamento é tão puro quanto o de qualquer outro; e ele purifica-se, exercendo-se sobre todas as coisas. E se não se enobrecer pode-se então aguardar pelo espanto; pois se essas imagens foram em algum tempo evocadas nunca poderão ser olvidadas. E se contra elas se peca, tiram de sua muda ira uma tremenda vingança, mais tremenda do que os rugidos de dez ferozes críticos. Maria, sem dúvida, deu à luz o filho graças a um milagre, porém no curso de tal acontecimento procedeu como todas as demais mulheres, e esse tempo é o de angústia, da tribulação e do paradoxo. O anjo foi, indubitavelmente, um espírito caridoso, mas não foi complacente pois não disse a todas as demais virgens de Israel; "Não desprezeis Maria, por ter-lhe acontecido o extraordinário". Apresentou-se diante dela só e ninguém pôde entendê-la. Entretanto, que outra mulher foi mais ultrajada do que Maria? Pois não é também exato que aquele a quem Deus abençoa é do mesmo modo amaldiçoado pelo mesmo sopro de seu espírito? É deste modo que se torna necessário, espiritualmente, entender Maria. Ela não é, de modo algum, uma bela senhora que brinca com um deus-menino, e mesmo eu me sinto revoltado ao dizer isto e muito mais ao pensar na afetação e no apressado de tal concepção. Não obstante isso, quando exclama: "Sou a serva do Senhor", ela é grande e suponho que não deve ser difícil explicar por que motivo se fez a mãe de Deus. Não necessita, completamente nada, da admiração do mundo, assim como Abraão não precisa de lágrimas, pois nem ela foi uma heroína, nem ele foi um herói. E não se fizeram grandes porque fugiram à atribulação, à angústia, ao paradoxo, porém exatamente porque sofreram tudo isso. Existe grandeza em escutar dizer ao poeta, quando mostra o seu herói trágico à admiração dos homens: "Chorai por ele; merece-o"; pois é grandioso merecer as lágrimas daqueles que são dignos de as verter; existe grandeza em ver o poeta conter a multidão, corrigir os homens e estudá-los um a um para descobrir se são dignos de chorar pelo herói, pois as lágrimas dos vulgares chorões profanam o sagrado. Entretanto, ainda é mais grandioso que o cavaleiro da fé possa dizer ao nobre caráter que deseja planger por ele: "não chores por mim, antes chores por ti mesmo".

A emoção toma conta de nós; volta-se aos tempos afortunados; um suave e lânguido desejo leva-os à satisfação de enxergarem Jesus nos caminhos da terra prometida. Olvida-se a angústia, a tribulação, o paradoxo. Era de tal modo fácil não errar? Não era terrível que fosse Deus esse homem que caminhava com os demais? Não era terrível estar assentado à mesa com ele? Era desse modo tão simples ser apóstolo? Porém o resultado, 18 séculos de cristianismo, serve para alguma coisa: para esta desprezível fraude pela qual cada um se ilude a si e ilude aos demais. Não me sinto encorajado para querer ser o contemporâneo de tais eventos; porém, igualmente, se não julgo com severidade aqueles que se enganaram, não avalio mediocremente aqueles que viram certo. Retorno a Abraão. Durante o tempo que antecedeu ao resultado, ou Abraão foi a todo instante um assassino, ou então estamos diante de um paradoxo que foge a todas as mediações. A história de Abraão implica uma suspensão teleológica da moral. Como Indivíduo, foi além do geral. Este é o paradoxo que se recusa à mediação. Não se pode explicar nem como aí entra nem como aí permanece. Se este não é o caso de Abraão, nem mesmo ele consegue ser herói trágico, é um assassino. E então é estulto persistir em chamá-lo pai da fé, e conversar sobre ele com pessoas que desejam escutar mais do que palavras. O homem pode vir a ser um herói trágico, pelas suas mesmas forças, porém não um cavaleiro da fé. Quando um homem se mete no caminho, doloroso em um sentido, do herói trágico, muitos devem estar prontos a aconselhá-lo; porém àquele que segue a estreita senda da fé, não há quem o possa auxiliar, nem quem o possa entender. A fé é um milagre; entretanto, ninguém está excluído dela; pois é na paixão[3] que toda a existência humana acha a sua unidade, e a fé é uma paixão.

## Problema II
## Existe um dever absoluto
## para com Deus?

A moralidade é o geral e, assim sendo, também o divino. Consequentemente, existe razão em afirmar que todo o dever é, em sua essência, dever para com Deus; não se pode, porém, acrescentar mais nada, limito-me a afirmar, ao mesmo tempo, dizendo com propriedade, que eu não tenho qualquer dever para com Deus. O dever estabelece-se como tal quando é referido a Deus, porém no dever propriamente dito, não entro em relação com o divino. Assim acontece com o dever de amar o próximo: é dever, na proporção em que este amor está afeto a Deus; entretanto no dever, não entro em relação com ele porém com o próximo ao qual amo. Se afirmo, conforme esta relação, que é um dever amar Deus, dou o enunciado de uma singela tautologia, sendo que aqui se torna "Deus" no sentido inteiramente abstrato de divino, de geral, de dever. Toda a existência da humanidade arredonda-se então e assume a forma de uma esfera perfeita, da qual a moral é às vezes o limite e às vezes o conteúdo. Deus torna-se um ponto invisível e desfaz-se tal um nevoeiro sem consistência; seu poder só é exercido na moral que enche a vida. Por isso, se um homem possui a ideia de amar Deus de modo diverso daquele que se acaba de apontar, esse homem está desvairando, ama a um fantasma que, se pudesse ter forças para falar, lhe falaria: "Não peço o teu amor, permanece em tua defesa". Se acreditamos amar a Deus de modo diferente, este amor é tão suspeito como aquele de que Rousseau nos fala, e conforme o qual um homem ama os cafres, em vez de amar o seu próximo.

Se tais pontos de vista são exatos, se nada existe incomensurável na existência humana, se o incomensurável que nela terá surge por um acaso do qual nada resulta, na proporção em que a vida é contemplada, conforme a ideia, então Hegel está com a razão; porém engana-se ao falar da fé e ao autorizar que se fale de Abraão como o pai da fé, pois invocando a outra alternativa, condenou Abraão e a fé. Em sua filosofia, *das AEussere (die Entausserung)* [4] é superior à *das Innere* [5], como comumente se mostra por um exemplo. A criança é *das Innere,* o homem *das AEussere;* do que se conclui que a criança está determinada pelo exterior; do modo inverso o homem, como *das AEussere,* está determinado por *das Innere,* A fé é, ao contrário, este paradoxo: o interior é superior ao exterior, ou, para retomar uma fórmula antecedente, o número ímpar é superior ao número par.

Na concepção moral da existência, trata-se, assim, para o Indivíduo, de o livrar de sua interioridade, para expressá-lo em alguma coisa de exterior. Sempre que isso lhe repugna, sempre que é retido por qualquer sentimento, disposição etc., de ordem íntima, ou que torna a cair no interior, peca contra si mesmo e entra em um estado de crise ansiosa. O paradoxo da fé consiste em que existe uma interioridade ilimitada em relação à exterioridade, e esta interioridade, convém notá-lo, não se assemelha à precedente, porém é uma nova interioridade, É necessário não o esquecer. A nova filosofia deu-se a permissão de substituir, pura e simplesmente, o imediato pela " fé". Quando se procede deste modo é ridículo negar que a fé sempre existiu. Deste modo entra na companhia, bastante vulgar, do sentimento, do humor, da idiossincrasia, dos fumos etc. Em tal sentido pode a filosofia ter razão quando afirma que não é preciso recorrer à fé. Nada, porém, a autoriza a tomar as palavras em tal significado. A fé é antecedida por um movimento de infinito; é apenas então que ela surge, *nec inopinate*, em razão do absurdo. Posso entendê-lo, sem por esse motivo pretender que possua a fé. Se ela outra coisa não é senão aquilo que a filosofia diz, já Sócrates foi mais distante, muito mais distante, enquanto, no caso contrário, não a atingiu. Fez o movimento infinito sob o critério intelectual. A sua ignorância outra coisa não é senão a sua resignação infinita. Esta tarefa é já bastante para as forças humanas, mesmo que hoje seja desprezada; porém, antes de tudo é preciso tê-la cumprido, é preciso primeiro que o Indivíduo se tenha esgotado na infinitude, para atingir então o ponto em que a fé pode aparecer.

O paradoxo da fé está, pois, em que o Indivíduo está acima do geral, de modo que, para lembrar uma distinção dogmática hoje já muito pouco utilizada, o Indivíduo determina a sua relação com o geral tomado como referência o absoluto, e não a relação ao absoluto com referência ao geral. Pode também formular-se o paradoxo dizendo que existe um dever absoluto com relação a Deus; porque, em tal dever, o Indivíduo refere-se como tal absolutamente ao absoluto. Em tais condições quando se afirma que é um dever amar a Deus, afirma-se algo que é diferente daquilo que anteriormente se disse; pois se tal dever é absoluto, a moral acha-se rebaixada ao relativo. De qualquer maneira não se conclui daí que a moral deva ser abolida, porém recebe uma expressão muito diversa, a do paradoxo, de modo que, por exemplo, o amor para com Deus pode levar o cavaleiro da fé a dar ao seu amor com relação ao próximo a expressão diversa daquilo que, do ponto de vista moral, é o dever.

Se não é assim, a fé não possui lugar na existência, é uma crise, e Abraão está perdido, já que cedeu.

Tal paradoxo não serve para mediação, pois repousa no fato de o Indivíduo ser exclusivamente Indivíduo. Visto que ele deseja expressar o seu dever absoluto no geral e tomar consciência daquele neste, toma consciência de que está em crise e, não obstante a sua resistência a esta conturbação, não pode concretizar o seu dever absoluto; e se não resiste, peca, ainda que o seu ato traduza *realiter* coisa que era seu dever absoluto. Que teria de fazer Abraão? Se falasse a outro: "Amo Isaac acima de qualquer coisa; é por isso motivo que me é tão doloroso imolá-lo", o seu interlocutor ter-lhe-ia retrucado, encolhendo os ombros: "então por que motivo é que o desejas fazer?" A não ser que, cheio de sutileza, descobrisse que Abraão fazia alarde dos seus sentimentos em flagrante contraste com o seu procedimento.

Achamos um paradoxo deste tipo na história de Abraão. Do ponto de vista da moral, a relação que sustenta com Isaac exprime-se com dizer-se que o pai deve amar o filho. Esta relação moral está referida ao relativo e está em oposição à relação absoluta com Deus. Se se indaga por que, Abraão não pode apresentar outra coisa senão a prova, a tentação, o que, como ficou dito, expressa a unidade de um proceder em que se age por amor de Deus e por amor a si mesmo. A linguagem habitual realça ainda a correspondência destes dois termos. Um homem faz algo que não participa do geral; diz-se que não procedeu por amor de Deus, desejando exprimir com isso que procedeu por amor de si mesmo. O paradoxo da fé perdeu a instância intermédia, o geral. De uma parte, a fé é a expressão do supremo egoísmo; empreende o aterrorizante, efetua-o por amor a si mesmo; de outra parte é a expressão do mais completo abandono, age por amor de Deus, Não pode adentrar o geral por meio de mediação; pois, desse modo, destruí-lo-ia. A fé é o tal paradoxo, e esse Indivíduo não pode de modo algum fazer-se entender por quem quer que seja. Imagina-se, sei-o muito bem, que o pode realizar diante de seu semelhante posto em situação idêntica. Esta ideia não seria concebível se, aos dias atuais, não se buscasse por tantos modos diferentes o imiscuir-se sub-repticiamente nas coisas grandiosas. Um cavaleiro da fé não pode de modo algum socorrer um outro. Ou o Indivíduo se transmuda em cavaleiro da fé, carregando ele próprio o paradoxo, ou jamais chega realmente a sê-lo. Em tais regiões, não se deve pensar em ir acompanhado. O Indivíduo jamais pode receber, a não ser de si mesmo, a explicação aprofundada do que é preciso compreender-se por Isaac. E se, do critério do geral, fosse possível precisamente determiná-lo, (por outra parte não existiria uma contradição horrivelmente ridícula em pôr o Indivíduo, que está além do geral, nas categorias gerais, visto que ele deve proceder em sua qualidade de Indivíduo que se encontra fora do geral) o Indivíduo jamais poderá, entretanto, ter a certeza disso por outros senão por si próprio, como indivíduo. Deste modo, embora um homem fosse bastante covarde e miserável para desejar tornar-se um cavaleiro da fé debaixo da responsabilidade de outrem, não o conseguiria; pois somente o Indivíduo chega a sê-lo como Indivíduo; aí está a sua grandeza que eu posso entender porém não alcançar, porque me falta coragem; aí está também o espanto, e esse posso muito melhor concebê-lo.

Acha-se, como é conhecido, uma notável doutrina a respeito de dever absoluto em relação a Deus no Evangelho de são Lucas (XIV, 26): "se alguém vem até mim e não odeia o seu pai, sua mulher, seus filhos, seus irmãos e irmãs e mesmo a sua própria existência, não pode ser meu discípulo". Esta apóstrofe é violenta, quem a poderia ouvir? Por esse motivo é muito raramente ouvida. Tal silêncio não é, porém, senão um vão subterfúgio. Pois o estudante de teologia aprende que tais palavras se adiam no Novo Testamento e encontra em qualquer manual de exegese que *misein* nesta passagem e em algumas outras quer dizer, por atenuação: *minus diligo, posthabeo, non colo, nihil facio*. O contexto, entretanto, não me parece que apoie a elegante interpretação. Pois, em um versículo mais adiante, acha-se a história do homem que, desejando construir uma torre, principia por calcular a despesa com medo de ter-se equivocado. A íntima relação desta parábola com o versículo anotado parece querer significar que os termos devem ser tomados em todo o seu tremendo rigor, a fim de que cada qual prove por si mesmo se pode erguer essa torre.

Se este piedoso e sentimental exegeta que imagina, com estes regateios, fazer com que o cristianismo entre de contrabando no mundo, pudesse chegar a convencer o aluno de que assim é realmente de acordo com a gramática, a linguística e a analogia, o sentido desta passagem, chegaria com toda a certeza a convencê-lo de que o cristianismo é o que existe de mais lamentável no mundo. Pois a doutrina que, em uma de suas belas expressões líricas e na qual com mais evidência ressalta a consciência do valor eterno, não diz senão uma palavra retumbante e destituída de sentido, recordando tão somente menos boa vontade, menos atenção e mais indiferença; a doutrina que, no instante em que parece assustar, dá meia-volta e balbucia: doutrina semelhante não vale a pena que alguém se erga para segui-la.

As palavras são aterradoras, porém acredito que podem ser compreendidas sem ter, com isso, conferido a coragem de as colocar na prática, É imprescindível que se tenha a lealdade de reconhecer o que está escrito, de dar testemunho de sua grandeza, ainda quando se não possua a coragem de nos conformarmos. Deste modo, não nos privamos do bem que desse encantador relato nos pode vir, pois, em certo sentido, encerra um consolo para o que não sente a coragem de empreender a ereção da torre. Porém é necessário ser honesto e evitar dar o nome de humildade a esta ausência de coragem, visto que, muito pelo contrário, se trata de orgulho; a coragem da fé é o único ato de humildade.

Conclui-se que se a passagem referida tem um sentido, deve ser tomado à risca. Deus é aquele que exige amor total, porém aquele que, ao requisitar o amor de uma pessoa, deseja ao mesmo tempo que tal amor se faça visível pela fraqueza, em relação a tudo quanto, ao seu redor, tem de querido, acrescenta ao egoísmo a patetice, e assina a sua sentença de morte por mais que coloque a sua existência na paixão que desse modo requer. Deste modo um marido exige de sua mulher que deixe pai e mãe, porém que se tivesse em conta de uma prova de amor extraordinário para consigo, a fraqueza que demonstra em relação a eles, por sua causa, seria o último dos estultos. Se possui uma ideia do que seja o amor, sentirá prazer em descobrir na perfeita afeição filial e fraternal de sua mulher, a prova mais certa de que ela o amará mais do que a qualquer outro no reino. Contudo, graças a um exegeta, é necessário considerar como uma ideia digna da deidade aquilo que no homem se tomaria como sinal de egoísmo e de estultice.

Então, de que modo odiar o próximo? Não desejo relembrar neste ponto a distinção que estamos acostumados a fazer entre o amor e o ódio, não porque julgasse ter algo de novo a ajuntar, mesmo que seja o testemunho da paixão, porém pelo fato de que é egoísta e não convém aqui. Ao contrário, se julgo a tarefa, como um paradoxo, entendo-a, como se pode entender um paradoxo. O dever absoluto pode então conduzir à realização do que a moral proibiria, porém de modo algum pode induzir o cavaleiro da fé a deixar de amar. É o que demonstra Abraão. No instante em que deseja sacrificar Isaac, a moral diz que ele o odeia. Porém se assim é de fato, pode estar certo de que Deus não lhe exige esse sacrifício; efetivamente Caim e Abraão não são semelhantes. Este deve amar o filho com todas as forças de sua alma; quando Deus lho pede, deve amá-lo, se é possível, muito mais e então somente é que pode *imolá-lo;* pois este amor que devota a Isaac é o que, pela sua posição paradoxal ao amor que tem por Deus, faz de seu ato um sacrifício. A tribulação, porém, e a angústia do paradoxo fazem com que Abraão não possa ser entendido, de modo algum, pelos homens. É apenas no momento em que o seu ato está em contradição total com o seu sentimento, que ele sacrifica Isaac. Entretanto, é pela realidade do seu ato que pertence ao geral e, neste particular, é e continua a ser um assassino.

É necessário ainda escutar o texto de Lucas de modo a ver que o cavaleiro da fé não acha de modo algum qualquer expressão do geral (concebido como moral) que o possa salvar. Quando, por exemplo, é a Igreja que exige tal sacrifício de um de seus membros, achamo-nos tão somente diante de um herói trágico. A ideia de Igreja, efetivamente, não é diferente em qualidade da de Estado, já que o Indivíduo aí pode ingressar por mediação, e quando ingressou no paradoxo, não atinge a ideia de Igreja; fechado dentro do paradoxo, acha nele, necessariamente, ou a sua ventura ou a sua perdição. O herói que obedece à Igreja expressa, em sua atitude, o geral, e não há ninguém aí, sequer o pai ou a mãe, que não o entendam. Ele, porém, é o cavaleiro da fé e dá uma resposta diversa daquela de Abraão; não diz que se trata de uma prova ou de uma tentação a que foi exposto.

Evita-se, em geral, fazer citação de textos como este de Lucas. Teme-se livrar o homem das grilhetas; receia-se o pior desde que o Indivíduo se propõe a conduzir-se como tal. Dito de modo diferente, julga-se que existir como Indivíduo é a mais fácil das coisas e por consequência interessa obrigar os homens a alcançarem o geral. Não compartilho nem este receio, nem esta opinião, e por um mesmo motivo. Quando se sabe, por experiência, que nada existe de mais terrível do que existir como Indivíduo, não se deve recear afirmar que não existe nada de mais elevado; porém também se é obrigado a expressá-lo de modo a não fazer de tais palavras uma ratoeira para o extraviado que é preciso, antes de mais nada, trazer de novo ao geral, mesmo quando as suas palavras não deixem lugar ao egoísmo. Se não se atreve citar tais textos, não se pode ter também a ousadia de citar Abraão; e se julgamos que é relativamente fácil existir como Indivíduo, apresentamos indiretamente uma inquietante indulgência em relação a nós; pois se na verdade se tem respeito a si mesmo e cuidado com a alma, fica-se certo de que aquele que vive debaixo de seu próprio domínio, sozinho no seio do mundo, leva uma existência mais austera e mais isolada do que a de uma jovem em seu quarto. Não faltam pessoas às quais é preciso a sujeição e que, entregues a si mesmas, atirar-se-iam como animais selvagens no egoísmo do prazer; nada mais real; porém trata-se exatamente de demonstrar que não se está nesse número, testemunhando que se pode falar com temor e tremor; deve-se fazer assim por respeito às coisas magníficas, para que elas não tombem no olvido, por medo das funestas consequências que serão evitadas se se falar, conhecendo que se trata de coisas grandiosas, sabendo de seus terrores, sem o que nada se chega a conhecer de sua grandeza.

Observemos um tanto mais próximo a tribulação e a angústia que se contêm no paradoxo da fé. O herói trágico renuncia a si próprio para dar expressão ao geral; o cavaleiro da fé renuncia ao geral para transformar-se em Indivíduo. Já ficou dito, tudo está na dependência da atitude que se adote. Se acreditamos relativamente fácil ser

Indivíduo, pode-se estar certo de que não se é cavaleiro da fé: pois os pássaros em liberdade e os gênios vagabundos não são os homens da fé. Ao invés disso, o cavaleiro da fé sabe que é estupendo pertencer ao geral. Sabe que é belo e útil ser o Indivíduo que se traduz no geral e que, por assim dizer, dá de si mesmo uma edição melhorada, elegante, o mais possível correta, que todos podem compreender; sabe quanto reconforta tornar-se inteligível a si mesmo no geral, de modo a entender este, e que todo o Indivíduo que o entender, a ele compreende o geral, ambos usufruindo do contentamento que a segurança do geral justifica. Sabe quão belo é ter nascido como Indivíduo que tem no geral a sua pátria, a sua acolhedora casa, sempre pronta a recebê-lo sempre que lá queira viver. Sabe, porém, igualmente, que acima desse domínio, serpenteia um atalho solitário, estreito e escarpado; sabe quão terrível é ter nascido isolado, fora do geral, andar sem encontrar um só companheiro de jornada. Sabe perfeitamente onde se encontra e de que modo se comporta em relação aos homens. Para eles, é doido e não pode ser entendido por ninguém. E entretanto, doido é o que se pode dizer de menos. Se não se olha para ele deste ângulo, considera-se-o então hipócrita, e tanto mais cruelmente quanto mais elevado subiu pelo alcantilado caminho.

O cavaleiro da fé conhece o entusiasmo que oferta a renúncia quando se sacrifica pelo geral, quanta audácia é preciso para tanto; porém sabe que existe nesse proceder uma certeza que se consegue ao agir pelo geral; sabe que é estupendo ser entendido por todas as almas nobres, e de tal modo, que o que o considera, também se enobrece a si mesmo. Tudo isto ele sabe, e sente-se como que agrilhoado; quereria que essa tarefa fosse a sua. Abraão teria, desse modo, podido querer, por vezes, que o seu papel fosse o de amar Isaac como um pai deve, amor compreensível para todos, e para sempre inesquecível; podia querer que sua tarefa se cingisse em sacrifício Isaac ao interesse geral, e despertar nos pais o entusiasmo pelas proezas gloriosas

— sentimo-nos quase que aturdidos ao refletir que estes desejos não são senão crises e como tal devem ser cuidados; pois ele sabe que percorre um caminho solitário, que nada realizou no interesse geral, porém que simplesmente sofre uma provação e uma tentação. Então, que realizou Abraão pelo geral? Permitam-me que eu discorra sobre isso como um homem, com toda a humanidade! Recebe, após setenta anos, o filho da velhice. Esse bem que os outros conseguiram tão depressa para o poderem apreciar por dilatado tempo, ele aguarda anos; e por quê? Porque sofreu uma prova e uma tentação. Não é insânia!

Abraão, porém, creu; apenas Sara sentiu hesitar a sua fé, e induziu Abraão a ter Agar por concubina; porém por esse motivo teve de expulsá-la. Recebe Isaac e novamente precisa sofrer a prova. Conhecia a beleza de expressar o geral, a estupenda satisfação de viver com Isaac. Contudo, essa não é a sua tarefa. Sabia que imolar tal filho ao bem geral era próprio de um rei; nele teria achado apoio o descanso; e do mesmo modo como a vogal repousa na consoante que a apoia, assim também todos os que o celebram poderiam ter achado em sua atitude, porém essa não é a sua tarefa — deve sofrer a prova! Aquele célebre capitão romano que ficou conhecido como Cunctator deteve o inimigo com contemporizações: porém em comparação, que contemporizador não é Abraão! Contudo, ele não salva o Estado. Esta é a substância de 130 anos. Quem haveria que suportasse esta expectativa? O seu coetâneo, se ainda existisse algum, exclamaria: "Abraão, não se aborreceu de esperar e por fim teve um filho; foi necessário tempo! E então eis que o deseja imolar. Não estará demente? Se, entretanto, pudesse explicar-se... porém vive repetindo que se trata de uma prova". Também Abraão não poderia dizer mais do que isso, pois sua existência é como um livro debaixo de sequestro divino, e que não se faz *juris publici*.

Isso é que é terrível. Se não o vimos, podemos estar seguros de que não se trata de um cavaleiro da fé; porém, se há quem note, não poderá negar que até o mais sofredor herói trágico tem o ar de quem vai a um baile, quando se compara com o cavaleiro que apenas consegue caminhar lenta e dificultosamente. Se o reconhecemos e estamos certos de que não possuímos a audácia de o entender, suponha-se a maravilhosa glória alcançada por este cavaleiro que se torna familiar a Deus, amigo do Senhor, e que, para me exprimir em uma forma inteiramente humana, trata por tu o Senhor, ao qual mesmo o herói trágico não fala a não ser na terceira pessoa.

O herói trágico muito rápido terminou o combate; efetuou o movimento infinito e agora encontra a estabilidade no geral. Ao contrário, o cavaleiro da fé sofre uma constante prova, a todo instante tem uma possibilidade de retornar, arrependendo-se, ao imo do geral, e essa oportunidade tanto pode ser crise como verdade. Não pode pedir a quem quer que seja que o aclare, pois então pôr-se-ia fora do paradoxo.

O cavaleiro da fé possui, pois, em primeiro lugar, a paixão precisa para reunir toda a moral com que rompe num só ponto: o poder ter a segurança de que realmente ama Isaac com toda a sua alma[6]. Se não o realiza, está em crise. Em outras palavras, tem paixão bastante para mobilizar, num átimo, toda essa certeza e de tal modo que nada perde de sua antiga realidade. Se não o pode fazer, fica no mesmo lugar, porque, então, ele tem necessidade de reiniciar constantemente. O herói trágico transmuda também num ponto decisivo a moral que aguentou teleologicamente; porém achou a este propósito um apoio no geral. O cavaleiro da fé apenas dispõe, em tudo e para tudo, de si mesmo; aí está o terrível da situação. A maioria dos homens vive numa obrigação moral, que dia após dia, evitam cumprir; porém também jamais atingem essa concentração apaixonada, essa consciência enérgica. Para a conseguir, o herói trágico pode, de certo modo, pedir o socorro do geral, porém o cavaleiro da fé está sozinho em todos os instantes. O herói trágico efetua essa concentração e acha o descanso no geral, o cavaleiro da fé despende um esforço permanente. Agamemnon renuncia a Ifigênia e assim acha o descanso no geral; pode, pois, imolá-la. Se não efetua o movimento, se no instante decisivo a sua alma, em lugar de realizar a concentração apaixonada, perde-se em ninharias generalizadas, como o pensar por exemplo que tem outras filhas e que *villeicht* poderia ainda suceder *das Ausserordentliche,* é evidente que não é um herói, porém um homem pronto a ingressar no manicômio. Abraão também conhece a concentração do herói, embora seja nele muito mais difícil, por falta de apoio no geral, porém realiza também um outro movimento pelo qual recolhe a sua alma, pronto para o prodígio. Se não o realizou, não é senão um Agamemnon, na proporção em que se pode ainda justificar o sacrifício de Isaac quando não tem utilidade para o geral.

Apenas o Indivíduo pode determinar se está realmente em crise ou se é um cavaleiro da fé. Entretanto, o paradoxo permite apontar alguns caracteres que aquele que não se encontre em tal situação pode igualmente entender. O verdadeiro cavaleiro da fé acha-se sempre no completo isolamento; o falso cavaleiro é sectário, isto é, procura deixar a estreita vereda do paradoxo para se tornar um herói trágico reles. O herói trágico expressa o geral e sacrifica-se por ele. em lugar de agir assim, o polichinelo sectário tem um teatro particular, alguns ótimos amigos e colegas que representam o geral tão bem quanto os assessores de a "Tabaqueira de Ouro" representam a justiça. O cavaleiro da fé, ao invés disso, é o paradoxo, é o Indivíduo, total e unicamente o Indivíduo, sem ligações nem considerações. Eis a sua terrível situação, que o fraco sectário não pode aguentar. Em lugar de extrair como conclusão, o reconhecer a sua capacidade para realizar o que é grande e confessá-lo de modo sincero, o que não posso furtar-me a aprovar pois é enfim a minha atitude, o pobre infeliz imagina que unindo-se a alguns dos semelhantes poderá atingir o termo de seu intento. Contudo, de nenhum modo terá êxito, porque o mundo do espírito não se deixa ludibriar. Uma dezena de sectários ligam-se as mãos; não entendem absolutamente nada a respeito das crises de solidão que aguardam o cavaleiro da fé e das quais não pode eximir-se pois seria ainda mais horrível abrir a senda com muita audácia. Os sectários fazem-se surdos uns aos outros promovendo enorme algazarra, conservam a distância a angústia graças a seus gritos, e este grupo de pessoas ululantes de temor imagina poder assaltar o céu e percorrer o caminho do cavaleiro da fé; porém, este na solidão do universo, nunca escuta uma voz humana; avança sozinho com a sua tremenda responsabilidade.

O cavaleiro da fé já não acha outro sustentáculo a não ser em si mesmo; sofre por não chegar a fazer-se entendido, porém não sente qualquer inútil necessidade de guiar os outros. A sua desventura é a sua segurança; desconhece o desejo vão, a sua alma é muito séria para isso. O falso cavaleiro trai-se por esse domínio conquistado num instante. Ele não entende que se outro Indivíduo vai seguir idêntico caminho deve fazer-se um Indivíduo estritamente da mesma maneira, sem ter, consequentemente, precisão de diretivas de ninguém e, especialmente, de quem as queira impor. Aqui novamente ele sai da trilha do paradoxo, não pode aguentar o martírio da incompreensão; prefere, o que é muito cômodo, impor-se à admiração do mundo demonstrando a sua capacidade de domínio. O verdadeiro cavaleiro da fé é uma testemunha, jamais um mestre; aí está a sua profunda humanidade muito mais expressiva do que essa frívola participação na ventura ou na desventura de outrem, que se honra com o nome de simpatia, quando por fim não é senão pura vaidade. Deseja-se ser, simplesmente, testemunha: declara-se de modo implícito que ninguém, até mesmo o derradeiro dos homens, precisa de piedade humana, nem de apresentar o seu rebaixamento para que um outro faça disso um pedestal. Contudo, como essa testemunha não obteve com facilidade aquilo que adquiriu, também não o vende por preço vil e não tem a vileza de aceitar a admiração dos homens para lhes ofertar, em compensação, o seu desprezo; conhece que a verdadeira grandeza é, do mesmo modo, acessível a todos.

Consequentemente, ou existe um dever absoluto em relação a Deus, e então, trata-se de paradoxo que atrás ficou descrito, conforme o qual o Indivíduo está, como tal, além do geral e se acha em relação absoluta, ou então jamais teve fé pois ela sempre existiu, ou ainda mais Abraão está perdido, a não ser que se explique o texto de Lucas (XIV) do modo como o fazia o elegante exegeta e sejam interpretadas de modo idêntico as passagens correspondentes e análogas.

## Problema III
## Pode moralmente justificar-se o silêncio de Abraão perante Sara, Eliezer e Isaac?

A moralidade é, como tal, o geral e a este derradeiro título ainda o patenteia. Definido como sendo o ser imediatamente sensível e psíquico, o Indivíduo é o ser oculto, A missão moral que lhe corresponde consiste, pois, em se livrar do secreto para dar-se a conhecer no geral. Sempre que deseja ficar escondido, comete um pecado e entra em uma crise da qual apenas pode sair pela manifestação.

Aqui estamos outra vez no mesmo ponto. Se não existe um interior escondido, e justificado pelo fato de o Indivíduo como tal ser inferior ao geral, a atitude de Abraão não pode sustentar-se, pois que desdenhou as instâncias morais intermédias. Contudo, se possui esse interior oculto, eis-nos diante de paradoxo irredutível à mediação desde que descansa no fato de o Indivíduo, como tal, estar posto acima do geral, e de que este é a mediação. A filosofia de Hegel não aceita um interior oculto, um ilimitado fundamentado em direito. Sendo consequente quando reclama a manifestação, não está, porém, na verdade quando quer considerar Abraão como o pai da fé e discorrer a esse propósito. Pois que a fé não é a primeira imediatidade, porém ulterior imediatidade. A primeira imediatidade está no domínio estético, e aqui a filosofia de Hegel poderá estar com a razão. A fé, porém, não é objeto do estádio estético: ou então não existe fé, pois que ela sempre houve.

O melhor, em tal circunstância, é enfrentar toda a questão sob o critério estético e proceder para tanto ao exame desse domínio, pedindo ao leitor que a ele atenda provisoriamente sem reservas, ao passo que eu, para auxiliar pelo meu lado, mudarei a exposição de acordo com o tema. É meu propósito a análise pormenorizada da categoria de o *interessante* que, especialmente nos dias atuais, quando se vive *in discrimine rerum,* adquiriu enorme importância; pois que é realmente a categoria da fase crítica. Nem se deve, como às vezes acontece, após ter cultivado essa categoria *pro virili,* rirmo-nos dela sob o pretexto de que já não está à nossa altura; porém, igualmente, não se deve querê-la com muita avidez, porque chega a ser interessante eu ter uma existência interessante não é seguramente empreendimento que a arte industrial possa resolver; é um maléfico privilégio que, tais os do espírito, é pago com profundas dores. Sócrates foi o mais interessado de todos os homens que existiram, e a sua vida a mais interessante de todas as que foram vividas; porém esta existência foi-lhe determinada pela divindade, e na proporção em que lhe foi preciso conquistá-la por si mesmo não deixou de provar a dor e o sofrimento. Quem examinar a existência com alguma seriedade não tem razões para adotar de ânimo sereno uma tal vida; e, entretanto, não é raro encontrar, nos dias atuais, exemplos iguais. O interessante é, aliás, uma categoria limite, nos limites da estética e da ética. Nesta proporção o exame deve sempre fazer incursões pelo terreno moral, ainda que, para ser significativo, tenha de englobar o problema com um fervor íntimo e uma concupiscência realmente estéticos. Nos dias atuais o moral ocupa-se muito raramente de tais problemas. O motivo deve estar na impossibilidade de que o sistema lhes confira o direito de cidadania. Também poderiam ser tratados mais problemas em monografias, que não existe o que as impeça de serem breves, se não se deseja ajuntar muitos pormenores, pois que se alcançaria o mesmo resultado, com a condição de contar com um predicado; pois que um ou dois predicados podem revelar um mundo. Não existiria já no sistema um lugar para tais palavrinhas? Pode-se ler na imorredoura "Poética" de Aristóteles: *Eis aqui duas partes que formam a fábula, a peripécia e o reconhecimento*[7]. Evidentemente, apenas me interessa aqui o segundo momento, o *reconhecimento*. Em toda parte onde intervém trata-se *eo ipso* de uma coisa antecipadamente escondida. Do mesmo modo como o reconhecimento produz o alívio, assim também a coisa escondida é tensão da vida dramática. A respeito das considerações anteriormente feitas por Aristóteles, no mesmo capítulo, acerca dos diferentes méritos da tragédia, sobre a atuação simultânea da peripécia e do reconhecimento, e a respeito do reconhecimento simples e duplo, não posso aqui demorar-me, embora, por sua penetração, calma e profundeza, constituam uma tentação para o pensador desde muito cansado com a superficial omnisciência dos vulgarizadores sistemáticos. Dar-me-ei por satisfeito com algumas considerações mais generalizadas. Na tragédia grega, a coisa escondida (e, em consequência, o reconhecimento) é um vestígio épico cujo início é *fatum* em que desaparece a ação dramática e da qual a tragédia tira a sua obscura e misteriosa origem. Daí que o efeito que produz uma tragédia grega é semelhante à impressão que se tem vendo uma estátua de mármore à qual está faltando a capacidade de ver. A tragédia grega é cega. Desse modo também se faz preciso um pouco de abstração para lhe sofrer a influência. Um filho assassina seu pai, porém somente então conhece que é parricida. Uma irmã imola o irmão cujo parentesco ela só vem a conhecer no instante decisivo. Este tipo de trágico não pode, de modo algum, servir para a nossa época de *reflexão*. O drama moderno livrou-se do destino; tornou-se emancipado dramaticamente; é evidente, indaga a si mesmo e faz agir o destino na consciência do drama. Coisa e manifestação representam, em tais condições, o ato livre do herói que carrega aos ombros toda a responsabilidade.

A coisa escondida e o reconhecimento são do mesmo modo elemento primordial do drama moderno. É cansativo acrescentar exemplos. O nosso tempo dá-se de tal modo à voluptuosidade do estético, acha-se de tal maneira inflamado e apropriado à fecundação, que concebe tão facilmente, quanto uma perdiz, para a qual é suficiente, afirma Aristóteles, escutar a voz do macho ou sentir o seu voo por cima dela; tenho, pois a delicadeza de crer que, ao se pronunciar tão somente "coisa escondida", cada qual poderá, sem esforço, tirar de sua manga uma dezena de novelas e comédias. Por esse motivo serei breve e consignarei apenas uma observação de ordem geral. Se, jogando às escondidas e injetando o fermento dramático na peça, esconde-se algo que carece de sentido, temos uma comédia; ao invés disso, se conservamos uma relação com a ideia, pode atingir-se a categoria do herói trágico. Apenas uma exemplo para ilustrar o cômico: um homem se pinta e coloca chinó. Quereria ser bem-sucedido junto ao belo sexo e está quase certo de que triunfará graças ao artifício que o torna completamente irresistível. Consegue cativar uma moça e acha-se no auge da felicidade. Porém é então que tudo se complica: se for capaz de confessar a sua mistificação não perde o seu encanto de sedução; e mostrando-se como toda gente e mesmo calvo não se vê desprezado pela sua amada. A coisa escondida é a sua atitude livre da qual é responsável em relação à estética. Esta ciência não quer bem ao hipócrita de crânio rapado que ela atira ao ridículo. Isso é suficiente para me fazer entendido; não é no cômico que pode estar o objetivo ou o interesse deste estudo.

Devo desenvolver, por via dialética, a maneira como se comporta o oculto na estética e na ética; pois que se trata de mostrar a total diferença entre o oculto estético e paradoxo.

Alguns exemplos. Uma jovenzinha está secretamente apaixonada por um rapaz, sem que se tenham, reciprocamente, confessado seu mútuo amor. Os pais da jovem forçam-na a contrair um outro casamento (pode mesmo deixar-se levar pela piedade filial); obedece-lhes, oculta os seus sentimentos, "para não tornar infeliz o outro e jamais alguém saberá o que ela padece". — Um rapaz pode, apenas com uma palavra, obter o objeto de seus desejos e dos seus ardentes sonhos. Contudo essa pequena palavra pode comprometer e mesmo (quem sabe?) desgraçar uma família; toma a resolução, pois, nobremente, de manter o segredo; "jamais a jovem saberá a paixão, a fim de que ela seja feliz aceitando a mão de outro". É de se lastimar que esses dois seres, um e outro e cada um de *per si* escondam-se a quem amam, ocultem-se um do outro, pois que poderiam vir a realizar uma união de caráter extremamente superior. A sua mútua dissimulação é um ato livre, do qual são também responsáveis diante da estética. Esta ciência, porém, cheia de delicadeza e de cortesia possui mais recursos que um gerente de montepio. Que faz ela, pois? Tudo quanto lhe é possível em favor dos amantes. Os dois candidatos ao projetado matrimônio são, por acaso, ambos cientificados da nobre determinação do outro; dão-se as suas explicações, consorciam-se e ao mesmo tempo assumem a figura do herói real; pois que ainda que nem sequer tenham tido tempo para dormir sobre a heroica determinação, a estética encara a conduta deles como se tivessem combatido valorosamente durante anos para conservar o seu mútuo desiderato. Pois a estética faz caso omisso do tempo, que para ela decorre com a mesma rapidez, ainda que se trate de uma brincadeira ou de coisa séria.

A ética, porém, não admite tal caso nem tal delicadeza, e do mesmo modo não possui a respeito do tempo conceito tão simples. O problema assume, assim, nova característica. É bom não lutar contra a ética porque ela tem categorias puras. Não invoca a experiência, quase a mais ridícula de todas as coisas dignas de riso, a qual, em lugar de oferecer sabedoria, torna as pessoas em insanos quando não se admita nada que lhe seja mais elevado. A ética desconhece o acaso, e por consequência não tem a mínima necessidade de golpes teatrais, não brinca com as dignidades, carrega com uma grave responsabilidade os ombros do herói, condena como um presunçoso aquele que pretender com as suas atitudes iludir a divindade, não censurando menos aquele que o queira fazer com os sofrimentos. Incita a crer na realidade e a combater valorosamente contra todas as suas vicissitudes, especialmente contra esses sofrimentos imaginários que são forjados debaixo de sua própria responsabilidade, alerta contra os cálculos sofísticos da razão, ainda muito menos dignos da fé que os oráculos antigos. Recomenda que se tome cuidado diante de toda nobreza imoderada: deixa agir a realidade; haverá sempre ocasião de demonstrares a tua coragem, e então acharás na ética todo o socorro preciso. Entretanto, se esses dois seres seguem um impulso profundo, se enfrentarem a sua missão e nela se empenham seriamente, o esforço não resultará inútil; porém a ética ofendida não os poderá auxiliar pois que eles lhe escondem um segredo que assumiram por sua conta e risco.

Deste modo, a estética exigia o escondido e recompensava-o; a ética exigia a manifestação e castigava o oculto.

A estética, porém, exige, além disso, por vezes a manifestação. Quando o herói está envolto na ilusão estética e acredita salvar outra pessoa mantendo-se calado, a estética deseja o silêncio e recompensa-o; ao contrário, quando as atitudes do herói lançam o desassossego na vida de outrem, exige a manifestação. Acho-me aqui diante do herói trágico e vou, por instantes, analisar "Ifigênia em Áulida" de Eurípedes. Agamemnon deve imolar a sua filha. A estética exige que ele esteja calado, pois seria pouco digno de um herói buscar consolo juntos de outros; por solicitude com as mulheres, deve mesmo esconder-lhes o seu projeto o mais tempo que puder. De outra parte o herói, para fazer jus a esse nome, deve também passar pela terrível crise, na qual o porão as lágrimas de Clytemnestra e de Ifigênia. Como age a estética? Recorre a um expediente, faz intervir um velho criado que revela o fato a Clytemnestra. Assim, tudo se acha em ordem.

A ética, porém, não dispõe de qualquer acaso, nem de qualquer velho criado. A ideia estética contradiz-se logo que precisa ser executada na realidade. Por esse motivo a ética exige a manifestação. O herói trágico apresenta a sua coragem moral ao anunciar ele mesmo a Ifigênia, livre de qualquer ilusão estética, o seu destino. Se assim age, é efetivamente o filho bem-amado da ética para o qual ela utiliza de toda a sua complacência. Se fica calado, o motivo pode ser o de crer que deste modo alivia a dor dos outros, e quiçá mesmo a sua. Conhece-se liberto dessa derradeira preocupação. Se fica calado, provoca, como Indivíduo, com responsabilidades na proporção em que negligencia um argumento que pode chegar do exterior. Como herói trágico não o pode fazer; a ética, efetivamente, ama-o exatamente porque ele exprime constantemente o geral. O seu ato heroico requer coragem, porém esta coragem exige que não se exima a qualquer argumento. Ora, sem a menor dúvida, as lágrimas representam um terrível *argumentum ad hominem,* e consegue comover às vezes um que a tudo fora insensível. Na peça de Eurípedes, Ifigênia pode usar o recurso das lágrimas; na verdade, deve-lhe ser permitido, assim como à filha de Jefté, dois meses para chorar, não na solidão, porém aos pés de seu pai, colocando em ação toda a sua arte "tão somente feita de lágrimas", e abraçando-lhe os joelhos, em vez de lhe apresentar o ramo de oliveira dos suplicantes, (cf. "Ifigênia em Áulida", verso 1.224).

O estético exigia a manifestação, porém fugiu à dificuldade com um golpe de acaso; a ética do mesmo modo a reclamava, e achava no herói trágico a sua satisfação.

Não obstante o rigor com que a ética exige tal manifestação, não é possível, entretanto, negar que o segredo e o silêncio não conferem ao homem real grandeza, e exatamente porque essas são imposições da vida interior. Amor quando deixa Pisque, fala-lhe: "Se tu conservares o silêncio, darás ao mundo uma criança que será deus, porém se atraiçoares o segredo, será homem". O herói trágico, preferido pela ética, é o homem puro; também posso entendê-lo e tudo quanto ele faz decorre em plena claridade. Se vou mais distante, tropeço sempre com o paradoxo, isto é, com o divino e o demoníaco pois o silêncio é um e outro. O silêncio é a armadilha do diabo; quanto mais ele é guardado mais o diabo é terrível; porém o silêncio é ainda um estágio em que o Indivíduo assume consciência de sua união com a divindade.

Antes de irmos à história de Abraão, lembrarei algumas personagens poéticas. Conservá-las-ei de pé graças ao poder da dialética e, dardejando sobre elas a disciplina do desespero, livrá-las-ei da imobilidade, para que possam, se possível, achar na sua angústia isto e aquilo[8].

Aristóteles narra na *Política* uma anedota que diz respeito aos distúrbios acontecidos em Delfos provocados por uma história de casamento. O *noivo para o qual os áugures pressagiavam uma desgraça depois do casamento, mudou inesperadamente a resolução no momento decisivo em que vinha buscar a noiva;* recusou-se a realizar o casamento. Isto me basta[9]. Em Delfos, tal acontecimento não ficou sem lágrimas; se um poeta nele tomasse sua inspiração, sem dúvida poderia contar com a simpatia. Não é terrível que o amor, tão comumente expulso da vida, esteja ainda desprovido do socorro celeste? E não se mudou aqui em irrisão a velha frase que fez do casamento uma instituição divina? Frequentemente são as vicissitudes do mundo finito que se encarniçam como espíritos maus contra os que se amam, tentando desuni-los; porém o amor tem o céu a seu lado e aí está porque esta santa aliança vence todos os inimigos. Mas aqui, o céu é que desune o que o céu unira. Quem poderia crer nisso? A pobre noiva, com certeza, menos do que qualquer. Há poucos instantes, estava no gineceu do esplendor de sua beleza; as graciosas companheiras tinham-na enfeitado com carinho com seu vestido de noiva, com alegria de todas, não apenas felizes, porém zelosas; sim, venturosas pela impossibilidade de se sentirem mais zelosas, pois era impossível ser mais bela. Estava só em seu quarto e transformava-se de beleza em beleza; pois todos os segredos da arte feminina haviam sido utilizados para enfeitar condignamente a digna noiva; entretanto, faltava ainda algo em que as moças criadas não haviam pensado: um véu fino, mais leve e entretanto mais insondável do que aquele que lhe haviam posto, um adorno de noiva que nenhuma jovem conhecia e não podiam certamente ofertar-lhe, o vestido que ela mesma não tivera a inteligência de vestir. Uma potência invisível e amiga que se alegra em enfeitar uma noiva, envolveu-a nesse véu sem que ela o notasse; pois ela somente viu o noivo passar pela frente de sua casa e penetrar no templo. Viu que a porta se fechava atrás dele e sentiu-se ainda mais tranquila e feliz; pois sabia que agora ele lhe pertencia mais do que nunca. A porta do templo torna a abrir-se; ele sai; ela baixou de modo pudico os olhos e não percebeu a perturbação que se espraiava no rosto do amado; porém este viu que o céu estava zeloso do encanto da noiva e de sua própria ventura. A porta do templo abriu-se, as criadas viram o jovem sair, porém não lhe viram a perturbação do rosto, na pressa de irem em busca de sua patroa. Aí ela avançou em toda a sua virginal humildade, idêntica, entretanto, a uma rainha em meio a todas as jovens que se inclinaram à sua passagem, como sempre fazem diante de uma noiva. Desse modo permaneceu diante da graciosa teoria e aguardou — apenas um instante; pois o templo era muito próximo — e o noivo veio — porém não se deteve em frente da porta.

Eu, porém, me detenho; não sou poeta; deixo-me guiar tão somente pela dialética. Notemos, em primeiro lugar, que o herói apenas é avisado no instante decisivo; nada tem, pois, a se censurar; não fez contrato de matrimônio sem meditar. Tem por ele, ou antes, contra ele, uma intervenção dos deuses; não se guia pela sua prudência, como os amantes comuns. Torna-se óbvio que aquela intervenção o faz tão infeliz como à jovem, e ainda um pouco mais, visto que é o objeto dela. É indubitavelmente certo que os sacerdotes apenas lhe anunciaram a desgraça a *ele;* porém trata-se de conhecer se a desgraça não é de molde tal que ao atingi-lo não destrua a felicidade conjugal. Como deve então proceder? 1.°) Deve manter-se calado e realizar o casamento aguardando que a desgraça não apareça prontamente; então, de qualquer modo, respeitou o amor sem temer tornar-se infeliz; porém deve guardar silêncio, pois senão o momento de fugaz ventura está perdido. Este ponto de vista, plausível aparentemente, é totalmente inadmissível; pois, procedendo deste modo, o noivo ofende a jovem. Calando-se, faz sua noiva, de certo modo, culpada; efetivamente, prevenida, jamais teria ela consentido em tal união. Na hora aziaga não somente precisará suportar a desdita, como também a responsabilidade de ter-se mantido em silêncio, e mesmo a justa ira daquela que não preveniu. 2.°) Deve ficar em silêncio e deixar que se celebre o matrimônio? Em tal caso, deve compartilhar de uma mistificação em que se aniquila em sua relação com ela. Pode ser que a estética não visse nisso qualquer inconveniente. A catástrofe poderia, pois, dar-se de modo análogo à real, exceto a intervenção no derradeiro instante de uma explicação, ainda que tardia, visto como, para a estética, é preciso deixá-lo morrer: a não ser que essa ciência fosse capaz de evitar a funesta profecia. Entretanto, apesar de sua coragem, tal proceder implicaria uma ofensa para a moça e a realidade de seu amor. 3.°) Deve falar? O nosso herói, não se deve olvidar isto, é um tanto quanto poeta para que a renúncia ao amor não signifique para ele outra coisa a não ser uma miserável especulação comercial. Se fala, tudo se muda em uma desventurada história de amor semelhante à de *Axel e Valborg*[10]. Temos, pois, um par que o próprio céu separa. Entretanto, no caso em pauta, a separação deve ser entendida um tanto de outro modo, já que resulta do ato livre dos indivíduos. A extrema dificuldade dialética de tal assunto pode resumir-se em que a desventura apenas deve atingir o noivo. Os amantes não possuem, pois, como Axel e Valborg termo comum para demonstrar seu sofrimento, visto que o céu separa Axel e Valborg em igualdade de condições. Se fosse este o caso aqui, poder-se-ia imaginar uma saída. Porque o céu não recorre a uma potência visível para os desunir, porém lhes deixa esse cuidado, de maneira que se poderia admitir que eles resolvem de comum acordo enfrentar o céu e as suas ameaças. Entretanto, a ética ordena ao noivo que fale. O seu heroísmo reside, pois, em sua essência em renunciar à magnanimidade estética, a qual, em tal situação, não poderia ser suspeita da ponta de vaidade que esconde o segredo, pois ele deve enxergar com clareza que provoca a desgraça de uma jovem. A realidade desta audácia heroica está, entretanto, num pressuposto que teve e suprimiu; pois no caso contrário não haveria falta de heróis em nosso tempo, quando se elevou a um alto grau de virtuosismo a arte do falsário que efetua coisas maravilhosas, pulando por sobre as dificuldades intermediárias.

Contudo, que serventia tem este apontamento se eu me ocupo do herói trágico? Serve para atirar um pouco de luz sobre o paradoxo. Então tudo está na dependência entre o noivo e a profecia, que de um modo ou de outro decide de sua existência. Esta é *publici juris*? É um *privatissimum*? A cena, está-se passando na Grécia; a profecia do áugure para todos é inteligível; quero significar que podem não só entender o conteúdo literal porém entender ainda que um sacerdote anuncia ao Indivíduo a determinação do céu. A predição é, portanto, inteiramente compreensível, não apenas para o herói, porém para todos, e não deriva daí nenhuma relação particular com a divindade. O noivo podia proceder como bem entendesse, porém a predição teria de cumprir-se; nem procedendo, nem abstendo-se poderá entrar em relação íntima com a divindade; não chegará a ser o tema nem da graça nem da ira divina. Cada qual poderá entender o efeito da profecia tão bem quanto o herói, que não tem nenhuma carta secreta compreensível somente para ele.

Portanto, se desejar falar, pode fazê-lo folgadamente, porque será entendido por todos; e se prefere estar em silêncio o motivo é que, pelo fato de ser o Indivíduo, pretende situar-se acima do geral para se nutrir com toda espécie de sonhos a respeito do modo como a noiva olvidará com rapidez estes sofrimentos etc. Ao contrário, se a determinação do céu não tiver sido feita patente por um sacerdote, se entrou em relação com ele de um modo particular, e interveio em sua existência a título completamente pessoal, estamos pois em presença de um paradoxo, se é que existe (pois o meu exame é dilemático) e não pode falar não obstante o seu desejo. Então, muito distante de saborear em silêncio, aguentará, ao invés disso, um sofrimento que, de mais a mais, lhe servirá de garantia como a sua causa está bem-fundamentada. O seu silêncio não teria, como motivo, o desejo de ingressar como Indivíduo em uma relação absoluta com o *geral,* porém no fato de ter ingressado como Indivíduo em uma relação absoluta com o *absoluto.* Assim sendo poderia, creio, encontrar ali o descanso, ao passo que seu magnânimo silêncio seria sempre perturbado pelas exigências da ética. Seria bom que a estética tratasse de vez em quando de iniciar por esta enganosa magnanimidade, ponto em que terminou durante tantos anos. Assim procedendo, laborará diretamente para o religioso: pois somente esta potência pode salvar o estético na batalha que trata com a ética. A rainha Elizabeth sacrificou o seu amor ao Estado quando assinou a sentença de morte de Essex. Foi um ato de heroísmo, embora nele se mesclasse um pouco de vaidade ofendida pela negligência de Essex em mandar o anel. Sabe-se, porém, que ele o fizera, mas que o anel fora preso por uma mal-intencionada dama da corte. Afirma-se que Elizabeth depois foi informada deste particular, *ni fallor;* conservou durante dez dias na boca um dedo que ela mordia sem dizer nenhuma palavra e depois morreu. Este rasgo constituiria magnífico tema para um poeta que tivesse a faculdade de lhe fazer descerrar os dentes; em caso contrário, antes convém a um mestre de dança com quem o poeta hoje se confunde frequentemente.

Eis agora aqui um esboço na direção do demoníaco. Para tanto, usarei o conto de Inês e do tritão. Este é um sedutor que, aparecendo do abismo onde tinha o seu covil, no ardor do desejo, agarrou e destruiu a inocente flor que, junto da margem, desabrochava em toda a sua graça e inclinava-se, de modo sonhador, para o sussurro das águas. Este foi até os nossos dias o tema do poeta; porém alteremos os dados. O tritão foi um sedutor; atraiu Inês; as suas belas palavras despertaram nela sensações desconhecidas; encontrou nele o que procurava, o que o seu olhar buscava nas profundezas das águas. Está prestes a segui-lo; o tritão segura-a nos braços; cheia de confiança, entrega-se com toda a sua alma ao ser mais forte; ele está já na margem, inclina-se sobre as águas, prestes a mergulhar nelas com a sua presa... quando Inês mais uma vez o fita, sem temor, sem excitação, sem orgulho de sua ventura, sem o torpor do desejo, porém com uma fé absoluta, e toda a humildade da flor que ela representa para ele; com uma confiança total dá-lhe, nesse olhar, todo o seu destino. E, prodígio! O mar não mais ruge; essa voz selvagem cala-se; e a natureza amante que constitui a força o tritão deixa-o inesperadamente, uma absoluta paz o envolve, e Inês continua a fitá-lo sempre com os mesmos olhos. Então o tritão deixa-se dominar, não pode resistir ao encanto da inocência, o seu elemento é-lhe infiel, não pode seduzir Inês. Devolve-a ao seu mundo, explica-lhe que somente queria mostrar-lhe o esplendor do oceano quando está calmo e Inês crê nele. E o tritão volta sozinho, o mar torna a desencadear a sua fúria, porém o desespero ainda brame mais alto em seu coração. Podia seduzir Inês, cem que fossem, pode encantar todas as moças, porém Inês venceu e está perdida para ele. Apenas pode pertencer-lhe como presa; não lhe é possível dar-se fielmente a uma jovem, pois que ele é tão somente um tritão. Permiti que eu proceda a uma pequena alteração neste ponto[11]; de qualquer modo embelezei um tanto Inês; pois no conto ela não é inteiramente inocente e, além do mais, existe um *contrassenso*, bajulação ou ofensa com respeito ao sexo da mulher, ao inventar uma história em que uma moça não tem nada, completamente nada de que se acusar. Para fazer um tanto mais moderno o meu vocabulário, a Inês do conto é uma mulher sequiosa do interessante, e uma mulher assim pode estar segura de que o tritão jamais está muito distante; pois os sedutores até a conhecem, creio mesmo poder dizê-lo, de olhos vendados, e atiram-se sobre ela como o tubarão sobre a presa. É uma tolice dizer, ou quiçá constitua um boato feito correr por um tritão, que uma falsa cultura salva a jovem do sedutor. A existência é mais justa na sua igualdade com todos; o único recurso contra o sedutor é a inocência.

Demos, agora, ao tritão a consciência humana, e compreendamos por condição de tritão uma preexistência humana em que, como consequência, a existência se achou encravada. Não há o que impeça que se transforme em herói, pois o ato que agora realiza, o redime. Salva-se por Inês, o sedutor está vencido; curvou-se diante do poder da inocência, jamais voltará a seduzir. Contudo, neste exato momento, duas potências o disputam: o arrependimento, e Inês com o arrependimento. Se tão só toma conta dele o arrependimento, fica escondido; porém se é este e Inês que dele se apossam, então torna-se patente.

Se agora o tritão, tomado pelo arrependimento, fica dissimulado, faz precisamente a desgraça de Inês, pois ela o ama com toda a sua inocência; crê realmente que no instante em que lhe surgiu diferente a seus olhos, não obstante o cuidado em ocultar essa mudança, queria apenas apresentar-lhe o calmo oceano. Contudo, o tritão torna-se então mais infeliz, pois amou Inês com uma multidão de paixões e deve sofrer o peso de mais uma carga. O demônio do arrependimento entra em ação, pois, para lhe fazer observar que esse é o seu castigo e que é tanto mais útil quanto mais o martiriza.

Se deixa-se levar por esse demônio, talvez procure, ainda uma vez, salvar Inês como se pode, de certo modo, salvar alguém através do mal. Sabe-se querido por Inês. Se pudesse livrá-la desse amor, em certo sentido, ela se teria salvo. Como fazê-lo, porém? O tritão está muito prevenido para contar com a desventura que poderia inspirar a Inês uma confissão leal. Fará esforços, quiçá, por revolver nela todas as obscuras paixões de sua alma; iludi-la-á, rir-se-á dela, porá em ridículo o seu amor, e, se possível, despertar-lhe-á vivamente o orgulho. Não se eximirá a qualquer tormento, pois essa é a contradição do demoníaco e, de certo modo, existem infinitamente mais qualidades num demônio do que nos seres comuns. Quanto mais egoísta for Inês, tanto mais fácil será iludi-la (pois somente as pessoas de limitada experiência creem que é fácil iludir a inocência; a vida possui infinitos recursos e o malvado não acha obstáculo em subornar os seus iguais). Contudo, os padecimentos do tritão estão duplicados. Quanto maior habilidade usa para iludi-la, tanto menos pudor terá Inês em esconder-lhe os seus sentimentos; ela usará de todos os recursos e a consequência será não comover o tritão porém martirizá-lo.

Em razão do demoníaco, o tritão seria deste modo o Indivíduo como tal, acima do geral. Como o divino, o demoníaco possui a faculdade de fazer ingressar o Indivíduo em uma relação absoluta com ele. Esta é a sua analogia com o paradoxo, o seu reverso que oferta, consequentemente, uma certa identidade capaz de produzir uma ilusão. O tritão tem, assim, a prova aparente de que o seu silêncio se justifica, que sente todo o sofrimento. Contudo, é fora de dúvida que pode falar. Pode então transformar-se em um herói trágico e, no meu entender, sublime, se quebra o silêncio. Poucos existem, sem dúvida, que entendam por que razão o seu procedimento é sublime[12]. Terá, consequentemente, a coragem de se libertar de todas as ilusões a respeito de sua capacidade em garantir a ventura de Inês, através de seus artifícios; terá, do critério humano, a coragem de lhe partir o coração. Alegrar-me-ei aqui, aliás, com uma simples anotação psicológica. Quanto mais Inês se tenha desvendado a si mesma, tanto mais deslumbradora será igualmente a sua ilusão; e até é possível que possa acontecer na realidade que um tritão, pela sua maldade demoníaca, e, para falar de modo humano, não apenas salve Inês, porém ainda tire desta situação qualquer coisa de fora do comum; pois um demônio é hábil em despertar forças ainda que seja para o mais fraco ser suportar os tormentos que impõe; e pode, a seu modo, acalentar intenções a propósito de um ser humano.

O tritão achava-se em um pico dialético. Se o arrependimento o salva do demoníaco, rasgam-se à sua frente dois caminhos. Pode permanecer em guarda, ficar no oculto, sem se sustentar, porém, em sua sabedoria. Então, não ingressa como Indivíduo em uma relação absoluta com demoníaco, mas acha o descanso no contraparadoxo, de acordo com o qual a divindade poderá salvar Inês. (Deste modo a Idade Média realizaria o movimento; pois, de conformidade com a sua concepção, o tritão é manifestamente destinado ao claustro.) Ou então pode vir a salvar-se por Inês, no sentido em que o amor de Inês o livraria, de agora para a frente, de voltar a seduzir (tentativa estética de salvação que engana sempre o essencial, o prosseguimento da existência do tritão); efetivamente, sob este critério, salva-se na proporção em que a sua existência de dissimulado se tornou evidente. Casa-se, pois, com Inês. Tem necessidade, porém, de recorrer ao paradoxo. Com efeito, quando o Indivíduo saiu, por sua culpa, do geral, apenas pode retornar ingressando como Indivíduo em uma relação absoluta com o absoluto. Desejo fazer aqui observação que se prenderá a tudo quanto a precede[13]. O pecado não é uma imediatidade primitiva, porém uma imediatidade ulterior. No pecado, o Indivíduo acha-se já, no sentido do paradoxo demoníaco, acima do geral; porque existe, por parte do geral, contradição ao reclamar a sua própria efetuação daquele ao qual falta a *conditio sine qua non*. Se a filosofia refletisse, entre outras coisas, que o homem poderia proceder de conformidade com os seus ensinamentos, disso resultaria uma singular comédia. Moral que desconhece o pecado é ciência completamente inócua; porém se o admite, acha-se por esse motivo fora de sua esfera. A filosofia ensina que o imediato deve ser suprimido. Indubitavelmente: porém não é correto dizer que o pecado, como a fé, é, sem qualquer explicação, o imediato.

Enquanto me movimento nestas esferas, tudo corre sem dificuldades; porém então o que digo não dá a explicação sobre Abraão; porque não se tornou o Indivíduo pelo pecado, desde que era, ao inverso, o homem justo, o escolhido de Deus. A semelhança com Abraão somente aparecerá quando o Indivíduo estiver capacitado a realizar o geral; então repete-se o paradoxo.

Posso, portanto, entender os movimentos do tritão, ao passo que Abraão continua incompreensível, pois é exatamente pelo paradoxo que o tritão chega a concretizar o geral. Se, efetivamente, fica no secreto e sofre todos os tormentos do arrependimento, transforma-se então em um demônio, como tal, se destrói. Se fica no secreto, porém julga imprudente laborar para a libertação de Inês, aguentando o martírio na escravidão do arrependimento, acha, sem dúvida, a paz, porém está perdido para este mundo. Se se tornar evidente e se se deixar salvar por Inês, será então o mais elevado homem que eu posso imaginar; pois a estética é a única a imaginar, em sua estultice, que avalia com justeza o poder do amor, ao conceder a um homem perdido o amor de uma inocente moça que desse modo o salva; somente a estética cai no erro de considerar Inês uma heroína, quando o epíteto deve ser aplicado ao tritão. Este não pode ser de Inês, a não ser que, após ter efetuado o movimento infinito do arrependimento, realize um outro, o movimento em razão do absurdo. Pode, pelo seu próprio esforço, realizar o primeiro, porém para nele se exaurir; por esse mesmo motivo é-lhe impossível retornar ao seu estado anterior e compreender toda a realidade. Se não possui suficiente paixão, se não se realiza nem um nem outro destes movimentos, se se gasta a existência com um ou outro arrependimento acreditando que o resto se dirigirá por si mesmo, então renunciou-se, definitivamente, a viver na ideia; pode-se com facilidade, atingir o ponto culminante e aí levar os demais; isto é, iludir-se a si mesmo e aos outros na presunção de que o mundo do espírito é semelhante a um jogo de cartas ou de dados, onde é preciso iludir o parceiro. É, portanto, permitido considerar como divertido e raro que num tempo em que cada qual pode realizar as coisas mais espantosas, possa estar tão difundida a dúvida quanto à imortalidade da alma; pois se apenas, porém de modo geral, se concretizou o movimento do infinito, de modo nenhum se pode justificar a dúvida. As conclusões da paixão são as únicas que merecem fé, as únicas provas. Por felicidade a vida é muito mais fiel e piedosa do que o dizem os sábios, pois não exclui quem quer que seja, mesmo os humildes; e não ilude seja quem for pois, no mundo espiritual, apenas é iludido quem a si mesmo se ilude. Adotando a opinião generalizada, que é também a minha, se me é permitido supô-lo, a suprema sabedoria não está em ingressar no convento; mas não desejo, ao afirmar isto, declarar que nos dias de hoje, pois ninguém já vai para lá, o primeiro que surge seja superior às almas profundamente sérias que aí achavam o seu repouso. Quantos sentem hoje a necessária paixão para refletir neste problema e se julgarem a si mesmos com toda a sinceridade? Apenas a ideia de adquirir consciência do peso do tempo, assumindo a responsabilidade de perquirir de modo incansável, todo o secreto pensar, apenas ela, se não se efetua a todo momento o movimento em virtude do que de mais nobre e sacro existe no homem, pode descobrir-se[14] com terrível angústia, e se não de outra forma, pelo menos pela angústia, pode despertar-se o obscuro impulso que se esconde de toda vida humana. Ao simples existir na companhia dos semelhantes foge e se oculta tal responsabilidade, é-se conservado à superfície e acha-se toda a oportunidade do reiterado engano. Somente esta ideia, imaginada com o devido respeito, parece-me capacitada a disciplinar muitos contemporâneos que acreditam já ter chegado ao ponto culminante. Contudo, pouco importam essas considerações em nossos dias pois se acredita ter atingido a suprema sabedoria, embora em nenhuma outra época se tenha incorrido tanto no cômico como nesta. Como se entende que não tenha ainda concebido, por *genetario aequivoca* o seu herói, o demônio que simbolizará inflexivelmente o terrível drama de fazer rir toda a época sem que esta tome conhecimento que se ri de si mesma? Não merece a existência que se riam dela quando aos vinte anos já se atingiu a suprema sapiência? E que outro movimento mais elevado achou o nosso tempo desde que se deixou de ingressar no convento? Não estaremos aqui diante de uma condenável fraqueza radical a qual propende a fazer crer aos homens que concretizaram a mais grandiosa tarefa, obstando-os, de modo pérfido, de intentar outras mais humildes? Quando se realizou o movimento do claustro, não há senão um, o do absurdo. Quantos, nos dias atuais, entendem o que é absurdo; quantos vivem tendo renunciado a tudo ou tudo tendo conseguido; quantos possuem a franqueza de reconhecer o que podem e aquilo a que não estão capacitados? E se porventura se adia um, não é especialmente entre as pessoas menos cultas e sobretudo entre as mulheres? Um demoníaco apresenta-se sempre sem se conhecer; do mesmo modo o tempo demonstra a sua falta em uma espécie de *clarividência* pois exige sempre e constantemente o cômico. Se realmente fosse esse o seu desejo, seria possível representar uma nova peça na qual se votasse ao ridículo um personagem que morre de amor; porém não seria de maior proveito para a época que o evento se verificasse à nossa frente, diante de nossos olhos para, por fim, ela ter a audácia de crer no poder do espírito, ter a coragem de não liquidar de modo covarde aquilo que de melhor existe em nós, não o afogando ciosamente nos outros com o riso? Seria realmente preciso à nossa época a ridícula aparição de um profeta para ter uma razão de riso? Não lhe seria muito mais necessário que semelhante exaltado lhe lembrasse tudo quanto tombou no olvido? Se alguém desejasse elementos para tal peça, que ficaria aliás mais emocio-nante sem a paixão do arrependimento, poderia ser usada a narração do livro de Tobias. O moço Tobias quer casar-se com Sara, filha de Raguel e de Edna. Contudo, a jovem vive debaixo do signo de triste fatalidade. Já foi dada a sete esposos e todos morreram na câmara nupcial. No meu entender, este é o ponto fraco da narrativa, pois o efeito cômico torna-se irreprimível quando se medita nas sete inúteis tentativas de casamento dessa moça, sete vezes prestes a acontecer; é como o estudante que por sete vezes quase esteve por ser aprovado nos exames. Contudo, no Livro de Tobias o tom da narrativa é muito diverso e daí o recurso do elevado número de sete para lhe fornecer um aspecto trágico; pois a nobreza do jovem Tobias é tanto maior quanto, por um lado, é filho único e, de outra parte, tem a enfrentar um tão grande motivo de receio. É, portanto, necessário afastar esse pormenor. Sara é, por conseguinte, uma moça que jamais amou; conserva ainda essa ventura de moça que constitui, de alguma maneira, o seu precioso título de prioridade na vida, o seu *Vollmachtbrief zum Glücke*[15] ela ama um homem de todo o seu coração. É, entretanto, a mais desventurada de todas as jovens porque, e ele o sabe, o nefando demônio seu apaixonado quer matar-lhe o noivo na noite de núpcias. Tenho lido inúmeras histórias tristes; contudo, duvido que possa existir, em qualquer parte, tristeza que se compare à da existência desta jovem. Entretanto, quando a infelicidade vem de fora, ainda se pode achar algum consolo. Se a vida não oferece a alguém o objeto de sua ventura, ele resigna-se pensando que poderia tê-la alcançado. Contudo a insondável tristeza que o tempo nunca poderá desfazer e curar, a tristeza de conhecer que não existe salvação, embora a vida o cumule de favores! Um autor grego esconde um mundo de pensamentos em tais palavras, tão simples e ingênuas: "Pois que jamais alguém escapou ou escapará ao amor enquanto existir beleza e olhos para ver" (*Longi Pastoralia*. Prólogo, 4). Muitas jovens foram infelizes no amor, *mas vieram a sê-lo*. Sara *o foi* antes de vir a ser. É triste não conseguir aquele ao qual se pode entregar-se, porém *é* indescritivelmente triste não nos podermos entregar. Uma jovem entrega-se, mas logo se proclama que deixou de ser livre; contudo, Sara jamais foi livre, embora jamais se tenha entregado. É doloroso para uma jovem ser enganada depois de se ter dado, porém Sara foi enganada antes de se ter dado. Que mundo de tristeza não existe em perspectiva quando Tobias deseja a todo preço desposar Sara! Que cerimônias, que preparativos! Nenhuma outra jovem foi enganada como Sara; pois viu que lhe tiraram a suprema ventura, a total riqueza que é o dote até da mais pobre noiva; viu-se impedida da oferta de si mesma à qual nós nos abandonamos com uma confiança incomensurável, inesgotável, desenfreada; pois foi preciso antes de qualquer coisa fazer ascender o fumo pondo o coração e o fígado do peixe sobre carvões ardentes (Tobias, cap. 8). E qual não será a separação da mãe e da filha, quando esta, desencantada de tudo, deve, ainda, como consequência, privar a mãe da sua mais formosa esperança. Leia-se a narrativa. Edna ataviou o quarto das núpcias; para lá conduziu Sara; chora e consola Sara. "Coragem, minha filha!" fala-lhe. "Que o Senhor do céu e da terra transforme essa tristeza em alegria! Ânimo, minha filha!" E leia-se também a descrição do instante das núpcias, se as lágrimas não cobrirem os olhos: "porém quando ambos estiveram sós, Tobias ergueu-se da cama e disse: Levanta-te, minha irmã! e rezemos ao Senhor para que se apiede de nós" (8, 4).

Se algum poeta lesse essa história e tirasse dela sua inspiração, aposto, cem contra um, em como colocaria toda a expressão no jovem Tobias. Encontraria um belo tema neste heroísmo em que se arrisca a existência em perigo tão certo e que a história relembra ainda uma vez, pois no dia imediato ao casamento, Raquel diz a Edna: "Manda uma serva para constatar se ele morreu, a fim de que, caso tenha morrido, eu o enterre e ninguém fique sabendo de nada" (8, 13). Permito-me, contudo, fazer uma proposta diferente. Para um cavaleiro de coração bem-posto, Tobias procede com muito valor, quem não tem semelhante valor é um covarde tão ignaro do amor como de sua condição real de homem. Não sabe que vale a pena viver-se nem consegue entender este pequeno mistério: vale mais dar do que receber. Não possui nenhuma ideia da grandeza deste pensamento: muito mais difícil é receber do que dar, quando, entenda-se bem, teve-se a coragem de aceitar a privação sem que se perdesse a coragem no momento da aflição. Não, a heroína deste drama é Sara. É dela que eu me desejo aproximar, como nunca anteriormente me acerquei de jovem alguma ou alimentei em meu espírito desejo de me acercar daquelas das quais já li a história. Pois quanto amor a Deus não é necessário para se querer deixar curar, quando assim se é, desde o início, infeliz, sem que nenhum crime o justifique, quando desde o primeiro instante se é um exemplar malogrado da humanidade! Quanta maturidade moral não é preciso para assumir a responsabilidade de permitir àquele que se ama uma proeza semelhante! Quanta humildade em face do próximo! Quanta fé em Deus para não odiar no momento seguinte aquele ao qual tudo se deve!

Imaginemos que Sara é um homem; aí temos o demoníaco. Uma nobre e orgulhosa natureza pode tudo sofrer, exceto uma coisa, a piedade. Pois ela significa ofensa tão grande que apenas um poder superior lha pode infligir, pois por *sua própria vontade* jamais consentirá em ser objeto dela. Se pecou, então pode aguentar o castigo sem se afligir, porém o que não pode aceitar é estar destinado desde o seio de sua mãe, sem que tenha praticado qualquer falta, a tornar-se a vítima ofertada à piedade, um doce olor para as suas narinas! A compaixão possui uma curiosa dialética: em determinado momento reclama a falta, no instante seguinte já não a quer. Do mesmo modo a situação do Indivíduo predestinado à compaixão torna-se sempre mais terrível à proporção que a sua desventura se desenvolve no sentido do espírito. Contudo, Sara não é culpada; foi atirada ao meio do sofrimento e deve também sofrer o martírio da piedade humana, porque até eu, que a admiro mais do que Tobias a possa ter amado, até eu não consigo dizer o seu nome, sem exclamar: infeliz! Coloque um homem na posição de Sara. Que ele conheça que, ao amar, um espírito do inferno virá matar a sua bem-amada na noite de núpcias; poderia então acontecer que escolhesse o demoníaco; fechar-se-ia, portanto, em si mesmo e diria, conforme com uma natureza demoníaca: "Obrigado, não gosto de cerimônias e de formalidades, não tenho qualquer intenção de reclamar o prazer do amor, pois posso transformar-me em um Barba Azul e achar a alegria em ver morrer as jovens na noite nupcial". Em geral, jamais se ouve falar do demoníaco, embora, especialmente nos dias de hoje, esse domínio tenha direito a ser explorado, e ainda que o observador, se porventura sabe conservar alguma relação com o demoníaco, possa usar qualquer homem, ao menos, por momentos. Shakespeare é, e continuará sendo, a tal propósito, um herói. Esse demônio cruel, essa figura, a mais demoníaca que ele mostrou com insuperável mestria, esse Gloster (depois Ricardo III), que foi que dele fez um louco? Foi evidentemente, recusar-se à piedade a que fora destinado desde a infância. O seu monólogo do I Ato de *Ricardo III* vale mais do que todos os sistemas de moral sem sombra dos terrores da existência ou do seu significado:

> *I, that am rudely stamp'd and want love's majesty;*
> *To strut before a wanton ambling nymph;*
> *I, that am curtail'd of this fair proportion,*
> *Cheated of feature by disembling nature,*
> *Deformed, unfinish'd, sent before my time*

> *Into this breathing world, scarce half made up,*
> *And that so lamely and unfashionable,*
> *That dogs bark at me, as I hait by them*[16].

Não é possível salvar-se naturezas como a de Gloster fazendo-as passar, por mediação, à ideia de sociedade. A ética zomba em realidade destes homens como se teria rido de Sara se então lhe dissesse: "Por que não dás tu expressão ao geral e te casas?" Tais naturezas têm as suas raízes no paradoxo; de modo algum são mais imperfeitas do que as outras, senão por estarem ou perdidas no paradoxo demoníaco ou salvas no paradoxo divino. Sempre se desejou encarar as bruxas, duendes, gnomos etc., como monstros. Ora, é fora de dúvida que à vista de um monstro todos somos induzidos a descrever a impressão que nos causa uma depravação moral. Que cruel injustiça! Seria preferível acusar a própria vida de ter ela mesma depravado esses seres como madrasta que desnatura os pequenos que não são filhos seus. O estar-se originalmente posto fora do geral, naturalmente ou por consequências da história, forma o princípio do demoníaco, e o Indivíduo não pode ser responsável. O Juiz de Cumberland é também um demônio, embora praticando o bem. Pode igualmente o demoníaco expressar-se pelo desprezo em relação aos homens, e, coisa interessante, tal desprezo, não induz o sujeito demoníaco a proceder de modo censurável, pois, ao invés disso, retira a sua fortaleza de convicção de que é superior a todos os seus juízes. A propósito destes temas os poetas deveriam dar, logo, o seu alarma. Sabe Deus que leituras fazem os nossos incipientes poetastros! Os seus estudos, em sua grande parte, consistem em decorar rimas. Sabe Deus que papel têm na existência! Neste instante desconheço se prestam qualquer outro serviço a não ser controlar a prova edificante da imortalidade da alma; pois pode tomar a dizer-se, a seu respeito, para que nos consolemos, aquilo que afirmava Baggesen a propósito do poeta Kildevalle: "Se vier a ser imortal, então todos nós o seremos". Aquilo que afirmei acerca de Sara, reportando-me especialmente à produção poética e, assim sendo, conforme o aspecto imaginativo, tem seu sentido completo quando, guiados pelo interesse psicológico, tornamos profunda a velha máxima: *nullum unquam existitit magnum ingenium sine aliqua dementia*. Tal demência é o sofrimento do gênio na vida. Significa, por assim dizer, o ciúme divino ao passo que o geral traduz a sua predileção. O gênio acha-se, deste modo, desde o início, desorientado diante do geral e posto perante o paradoxo, seja porque na angústia de sua limitação que transmuda, a seus olhos, a onipotência em impotência, busca o repouso demoníaco e por consequência não deseja proclamá-lo nem a Deus nem aos homens, seja porque acha uma paz religiosa no amor que dedica à divindade! Existem aí, no meu entender, problemas psicológicos aos quais se poderia, prazerosamente, consagrar toda a existência; contudo, raro é consagrar-se-lhe uma só palavra. No que consiste a relação entre a loucura e a genialidade? Uma pode ser deduzida da outra; porém em que sentido e em que proporção o gênio é senhor da demência? Porque se torna claro, que aquele a domina até certo limite, pois de outro modo seria realmente um louco. Tais observações, contudo, reclamam muito, sutileza e amor, pois é muito difícil observar aquilo que nos está mais elevado. Se alguém orientasse sua atenção neste rumo quando lê certos autores, entre aqueles que mais representam o gênio, talvez conseguisse, porém dificilmente e com excessivo labor, alcançar um pouco de luz.

Trarei ao exame, também, o caso de um Indivíduo que deseja salvar o geral com o seu mistério e o seu silêncio. Usarei, para tanto, a história de *Fausto*. Ele é um *incrédulo*[17] um renegador do espírito; deixa-se levar pela voz da carne. Deste modo raciocinam os poetas, e enquanto se vai repetindo que cada época tem o seu Fausto, eles renovam-se sem cessar pervagando a mesma trilha. Façamos uma pequena alteração: Fausto é um incrédulo *por excelência;* contudo, é uma natureza simpática. Além do mais, à concepção de Goethe do Fausto falta, no meu entender, profundidade psicológica quando imerge em secretas considerações a respeito da dúvida. Nos dias atuais, quando todos nós vivemos a dúvida, nenhum poeta deu sequer um passo nessa direção. Ofertar-lhe-ia prazerosamente o papel das obrigações da Coroa, para que nele escrevessem a enorme experiência que possuem a respeito de semelhante matéria; porém não chegariam a cobrir a pequena margem da esquerda.

Deste modo é preciso colocar Fausto em si mesmo para que a dúvida possa apresentar-se de um modo digno da poesia; e o induza mesmo a descobrir, em realidade, todos os sofrimentos que a dúvida comporta. Conhece, pois, que o espírito conduz o mundo, porém que a segurança e o contentamento em que vivem os homens não descansam no poder do espírito, porém muito simplesmente se explicam por uma beatitude isenta de reflexão. Como incrédulo; tal o incrédulo, está posto acima de tudo isto, e se alguém julga que o engana levando-o a crer que percorreu toda a senda da dúvida, não precisa muito esforço para descobrir a mentira, pois quando se efetuou um movimento no mundo do espírito, isto é um movimento infinito, pode-se reconhecer imediatamente pela réplica, se ela se escapa da boca de um homem vivido ou da de um Münchhausen. Cônscio de sua dúvida, Fausto sente-se capaz das façanhas de um Tamerlão com os Hunos; sabe que pode forçar as pessoas a gritarem de espanto, fazer que o mundo trema debaixo de seus pés, desunir os homens e por toda parte fazer estalar gritos de dor. E se atinge esse ponto, não é ainda um Tamerlão, pois está autorizado pelo pensamento. Fausto, porém, é uma natureza simpática, ama o mundo, a sua alma ignora a inveja, vê que não pode competir o furor que está capacitado a desencadear, não busca nenhuma honra aerostática e silencia; oculta em sua alma a dúvida com mais cuidado do que uma moça oculta em seu seio o fruto do amor culpado; procura andar, o mais possível, no passo de todos os outros; porém quanto sente, gasta-o com ele mesmo e desse modo se entrega à imolação pelo geral.

Escutam-se, por vezes, pessoas que se lamentam quando veem um maluco provocar o turbilhão da dúvida: "Se, ao menos não tivesse falado nada!" exclamam. Quando se conhece o significado do que é viver no espírito, sabe-se também o que significa a fome devoradora da dúvida, e que o incrédulo é tão faminto do pão cotidiano da existência quanto do alimento espiritual.

Embora o sofrimento de Fausto seja um ótimo argumento para mostrar que não estava dominado pelo orgulho, recorrerei, apesar disso, a uma pequena demonstração fácil de se perceber. Nomeou-se a Gregório de Rimini *tortor infantium,* pois que admite a danação das infantes; pelo mesmo motivo eu poderia estar tentado a nomear-me *tortor heroum,* pois que tenho grande habilidade em enviar os heróis para a tortura. Fausto enxerga Margarida antes de decidir-se pelo prazer, pois que o meu Fausto de nenhum modo o escolhe; vê Margarida, não no côncavo espelho de Mefistófeles porém em sua completa inocência; e como mantém em sua alma o amor pela humanidade, pode muito bem apaixonar-se pela jovem. Ele, porém, é incrédulo e a dúvida destrói-lhe a realidade; pois o meu Fausto de tal modo está ligado a ideia que não está entre esses sábios incrédulos que do cume de suas cátedras dedicam uma hora cada semestre para duvidar, e no resto do tempo, podem realizar qualquer outra coisa, e fazê-lo com ou sem o recurso do espírito. É incrédulo, e o incrédulo é tão faminto do pão cotidiano da alegria quanto do alimento do espírito. Entretanto, fica fiel à sua determinação e silencia; não transmite a quem quer que seja a sua dúvida e menos ainda a sua paixão por Margarida. É evidente que Fausto é uma figura excessivamente ideal para se contentar com a estultice de que, se falasse, não provocaria senão uma inócua discussão, que o assunto não traria consequência ou qualquer outra estupidez. (Aqui um outro poeta qualquer descobrirá o cômico latente deste assunto em que Fausto de modo irônico é comparado a esses néscios de baixo estofo, os quais, em nossos dias, correm atrás da dúvida, e demonstram para os espectadores que de fato duvidaram, mostrando, por exemplo, um atestado médico, jurando que de tudo duvidaram ou mesmo apresentando, como prova, um encontro com um incrédulo no correr de uma viagem, tema onde Fausto é comparado a esses rápidos mensageiros que percorrem, apressadamente, o mundo do espírito, que com toda a presteza acham em uns a suspeita da dúvida, em outros uma suspeita de fé, e agem do melhor modo possível, conforme o auditório que ora requer seja fina, ora grossa.) Fausto é uma personagem muito ideal para comportar tais misérias. Sem uma paixão infinita, não se pertence à ideia e quando se tem uma, de há muito tempo a alma está salva de tais estultices. Silencia, para se sacrificar, ou fala conhecendo que trará uma confusão geral.

Se mantém silêncio, condena-o a moral; afirma ela, efetivamente: "Deves confessar o geral, e é falando que o fazes; não deves sentir piedade por ele". Não se deveria esquecer essa frase quando de modo severo se julga um incrédulo, pois ele fala. Não estou disposto à indulgência diante de tal atitude, porém, aqui, como em qualquer parte, é de interesse que os movimentos realmente se realizem. Na pior das hipóteses, e não obstante toda a desventura que pode espalhar pelo mundo falando, um incrédulo é, ainda, muito de se preferir a essas espertas bocas miseráveis que tudo aprovam e procuram esclarecer a dúvida sem tê-la conhecido, e consequentemente constituem, geralmente, a primeira oportunidade que faz aparecer a dúvida em um selvagem e incontrolável impulso. Falando, semeia a confusão; porque se tal não acontecer, apenas o saberá depois, e o resultado não traz qualquer auxílio, nem no instante de agir, nem a propósito da responsabilidade.

Se enfrenta a responsabilidade de manter-se calado, pode, neste caso, proceder nobremente, porém acrescentará então à dor existente um breve matiz de ansiedade, pois o geral o afligirá incessantemente e lhe dirá: "Deverias ter falado; onde achas a certeza de que a sua determinação não foi ditada por secreto orgulho?"

Ao contrário, se o incrédulo pode converter-se no Indivíduo, que como tal ingressa em relação absoluta com o absoluto pode estar autorizado a silenciar. Em tal circunstância deve considerar a sua dúvida como uma falta. Acha-se no paradoxo, porém vai além da dúvida, embora outra possa aparecer.

Mesmo o Novo Testamento daria sua aprovação a esse silêncio. Acham-se aí passagens que preconizam a ironia, menos quando se trata de ocultar algo de melhor. Entretanto, este movimento de ironia funda-se assim como outro qualquer, na superioridade do subjetivo sobre o real. A respeito disto, nada hoje se pretende saber; especialmente recusando-se a saber sobre a ironia mais do que Hegel disse a propósito. Contudo ele não entendia dela nada e consagrava-lhe, até, certo rancor, o que aliás o nosso tempo possui ótimas razões para imitar, uma vez que a evita com muito cuidado. Lê-se no Sermão da Montanha: "quando jejuas, unge a cabeça e lava o rosto, para que os homens não percebam que jejuas". Tal passagem mostra claramente que a subjetividade é ilimitada com a realidade, a qual mesmo lhe é dado iludir. Se as pessoas que, em nossos dias, vão atirando palavras ao vento a propósito da ideia de comunidade tivessem apenas o trabalho de ler o Novo Testamento, talvez refletissem de modo diverso.

Vejamos, qual foi o procedimento de Abraão? Pois eu não olvidei, queiram ter a bondade de lembrar, que, se me deixei induzir por todas as considerações anteriores, foi para voltar a Abraão: isso não possibilitará entender melhor a Abraão, porém permitirá fazer girar em todas as direções a impossibilidade de o entender; porque, torno a dizê-lo, ele é incompreensível para mim e somente posso admirá-lo. Também se observou que, nas etapas analisadas, não se acha qualquer analogia com Abraão; desenvolvi tais exemplos apenas a fim de que, processando-se sempre em suas esferas, mesmas, pudessem, no instante exato, indicar, de algum modo, as fronteiras do país ignoto. Se pudesse tratar-se de uma analogia somente o seria referida ao paradoxo do pecado; porém este pertence, por seu turno, a outro nível, muito mais fácil de explicar do que Abraão, porém que não o pode explicar.

Abraão, portanto, guardou silêncio; não falou a Sara, a Eliezer, nem a Isaac, desprezou as três instâncias morais pois que a ética não tinha, para ele, expressão mais elevada do que a vida em família.

A estética autoriza e mesmo exige, do Indivíduo, o silêncio, quando, ao calar-se, pode salvar alguém. Isto já demonstra que Abraão não se acha no domínio estético. Não conserva o silêncio para salvar Isaac, e, além do mais, toda a sua missão, que é aquela de o imolar por Deus e por si mesmo, é um escândalo para a estética; pois ela admite que a mim mesmo me sacrifique, porém não que imole um outro por minha causa. O herói estético conservar-se-ia silencioso. Entretanto, a ética condena-o, porque silenciou em razão de seu caráter acidental de Indivíduo. A sua previsão humana é que determinou o silêncio: aí está o que a ética não pode perdoar, visto como todo o saber humano deste tipo não é senão ilusão; a ética requer um movimento infinito, exige a manifestação. O herói estético pode, pois falar, porém se recusa a fazê-lo.

O verdadeiro herói trágico imola-se ao geral com tudo quanto lhe é próprio: os seus atos, todos os seus impulsos são do geral; está evidente e nessa evidência é o filho querido da ética. A sua situação não é aplicável a Abraão, que não fez coisa alguma pelo geral e continua no secreto.

Eis-nos portanto em presença do paradoxo. Ou o Indivíduo pode, como tal, estar em relação absoluta com o absoluto, e assim sendo a moralidade não é o supremo estágio, ou então Abraão está perdido; não é herói nem trágico nem estético.

Em tais condições pode parecer que nada é mais simples do que o paradoxo. É preciso então repetir que, se nisso acreditamos fielmente, não se é cavaleiro da fé, pois a única legitimação concebível é a aflição e a angústia, mesmo que não se lhe possa dar uma acepção geral, pois então está suprimido o paradoxo.

Abraão silencia... pois não *pode* falar; em tal impossibilidade estão a aflição e a angústia. Pois, se não me posso fazer entender, não falo, ainda que discurso noite e dia sem descanso. Este é o caso de Abraão; pode dizer tudo, menos uma coisa, e quando não pode falá-la de modo a ser entendido, não fala. A palavra, que me permite traduzir-me no geral, é um repouso para mim. Abraão pode exprimir as coisas mais lindas a propósito de Isaac que uma língua possa comportar. Contudo, em seu coração conserva uma coisa muito diversa; esse algo mais profundo, que é o desejo de imolar o filho porque é uma prova. Não podendo ninguém entender este último ponto, podem, entretanto, iludir-se todos quanto ao primeiro. O herói trágico não conhece essa aflição. Antes de qualquer coisa, possui o consolo de dar satisfação a cada contra-argumento — de poder ofertar a Clytemnestra, a Ifigênia, a Aquiles, ao coro, a toda voz que apareça do coração da humanidade, a qualquer pensamento capcioso ou aflito, que acusa ou se compadece, a oportunidade de se levantar contra ele. Está certo de que tudo aquilo que se pode apontar em sua perda foi formulado sem consideração nem compaixão — e há um consolo em combater contra o mundo todo, um terrível assombro em combater contra si mesmo...; não teme ter esquecido qualquer argumento nem precisar gritar depois, como o rei Eduardo IV, ao inteirar-se da morte de Clarence:

"Quem rogou em seu favor? Quando eu estava furioso, quem se ajoelhou e me pediu que meditasse? Quem me veio dizer de fraternidade? Quem me falou de amor?"

O herói trágico desconhece a terrível responsabilidade da solidão. Ainda mais, tem o consolo de poder chorar e lamentar-se com Clytemnestra e Ifigênia, e as lágrimas e os gritos acalmam; porém os suspiros ocultos são um martírio.

Agamenmon pode recolher prontamente a sua alma na convicção de que deseja agir; porém ainda dispõe de tempo para consolar e reanimar. Abraão não o pode. Quando o seu coração está comovido, quando as suas palavras serão um auxílio para o mundo todo, não se atreve a consolar, pois que Sara, Eliezer e Isaac lhe diriam: "Por que desejas fazer tais coisas? Podes dispensar-te de a fazer". E se em sua aflição desejasse tomar um pouco de alento, abraçar os seres que ama antes de efetuar o passo derradeiro, estaria se arriscando a despertar a terrível acusação de hipocrisia formulada por Sara, Eliezer e Isaac, escandalizados com o seu procedimento. Não pode falar. Não pode usar qualquer linguagem humana. Ainda que conhecesse todas as que existem no mundo, ainda que os seres que ama o entendessem, não poderia falar. A sua linguagem é divina, *fala as línguas.*

Posso perfeitamente entender esta aflição, posso admirar Abraão, não temo que se tenha, diante desta narrativa, a tentação de pretender ser, de ânimo leve, o Indivíduo, porém confesso que não possuo essa coragem e que renuncio com alegria a toda oportunidade de ir mais adiante, se porventura fosse possível lá chegar, embora fosse muito tarde. Abraão pode romper a qualquer instante, arrepender-se de tudo, como de uma crise; então pode falar, ser entendido por todos... porém já não é Abraão.

Ele não *pode* falar, porque não pode dar a explicação final (de modo a fazer-se compreensível) de que se trata de uma prova; porém, o que é notável, uma prova na qual a moral constitui a tentação. O homem em tal situação é um emigrante da esfera do geral. Pode menos ainda dizer o que se segue. Efetivamente efetua dois movimentos, como ficou suficientemente demonstrado; aquele da resignação infinita, em que renuncia a Isaac, o que não há quem possa compreender, pois que é um assunto particular; mas realiza, além do mais, a todo momento, o movimento da fé, e aí está o seu consolo. Efetivamente, afirma; não, isso não acontecerá, e se acontecer, o Eterno me devolveria Isaac, em razão do Absurdo. O herói trágico visiona, ao menos, o final da história. Ifigênia curva-se ante a determinação do pai; realiza o movimento infinito da resignação e, pai e filha, estão, portanto, de perfeito acordo. Ela pode entender Agamemnon, cuja ação exprime o geral. Contudo, se ele lhe falasse: "Mesmo que Deus te exija um sacrifício, seria possível, em razão do absurdo, que não o pedisse", far-se-ia então incompreensível para a filha. Se pudesse dizê-lo em razão de cálculos humanos, Ifigênia tê-lo-ia entendido; mas adviria daí que Agamemnon não teria realizado o movimento da resignação infinitamente e não seria, assim, um herói e a predição do sacerdote se torna uma banal história de marinheiros e toda a história uma comédia.

Por isso Abraão não falou. Dele somente se conservou uma só frase, a única resposta que deu a Isaac que prova perfeitamente que nada falara antes. Isaac indaga ao pai onde está o cordeiro para o sacrifício. Abraão responde: "Meu filho, Deus cuidará ele mesmo do cordeiro para o holocausto".

Devo examinar mais atentamente esta última frase. Sem ela qualquer coisa estaria faltando à narrativa; se fosse diferente, talvez tudo ficasse reduzido a confusão.

Várias vezes tenho indagado a mim mesmo em que proporção um herói trágico, no auge do sofrimento ou no cume da atividade, deve dizer uma derradeira réplica. A resposta, quer-me parecer, depende da esfera da vida à qual ele pertence, do grau de importância intelectual de sua existência, da relação que o seu sofrimento, ou a sua atividade, conserva com o espírito.

É claro que no momento da suprema tensão, o herói trágico pode, como outro qualquer que possua o dom da palavra, falar algumas frases quiçá até adequadas. Trata-se, porém, de conhecer em que proporção é conveniente dizê-las. Se a importância da existência está em um ato externo, não tem nada a falar, e tudo quanto disser constituirá somente palavras inúteis com as quais somente enfraquece a impressão que dá de si mesmo quando o cerimonial trágico lhe manda executar a tarefa em silêncio, quer consista em uma ação ou em um sofrimento. Para não me estender mais, alegrar-me-ei em analisar o que se apresenta. Se fosse Agamemnon a sacar a faca sobre Ifigênia em vez de Calcas, ter-se-ia diminuído ao dizer algumas palavras no instante supremo, pois o sentido de seu ato a todos se tornava evidente; o processo da piedade, da compaixão, do sentimento, do pranto estava cumprido, e, para mais do que isso, a sua existência não conservava qualquer relação com o espírito; desejo afirmar que não se tratava de um mestre ou testemunha do espírito. Em lugar disso, se o significado da existência do herói é de ordem espiritual, a falta de resposta enfraqueceria a impressão que deve causar. Não precisa declamar alguma frase de momento, nenhuma pequena tirada; a importância da resposta está em realizar toda a sua personalidade no momento decisivo. Este herói trágico intelectual deve possuir e reter a última palavra, o que em geral se procura apresentar de modo cômico. Requer-se dele igual atitude transfigurada que incumbe a todo herói trágico adotar, porém, ainda por cima, pede-se-lhe uma frase. Portanto se tal herói trágico chega ao ponto máximo do sofrimento (na morte), transforma-se, pois, com esta derradeira frase, antes de morrer, em imortal; ao passo que, ao contrário, o herói trágico comum apenas consegue sê-lo após a morte.

Tomemos Sócrates por exemplo. É um herói trágico intelectual. A condenação à morte lhe é anunciada. Nesse momento, morre; pois se não entendemos ser preciso toda a força do espírito para morrer e que o herói trágico morre sempre antes de morrer; não se irá bastante longe na concepção da existência. O descanso em si é pedido a Sócrates como herói; porém, como herói trágico intelectual, ainda se lhe requer que, no derradeiro momento, tenha a força de alma de se realizar por si mesmo. Não pode, pois, tal o herói vulgar, recolher-se, ficando diante da morte, porém deve realizar esse movimento com tanta rapidez que, no mesmo momento, se ache com a consciência distante deste combate e se afirme ele mesmo. Se, porventura, Sócrates se tivesse calado nessa crise mortal, teria efetuado o efeito de sua existência; despertaria a suspeita de que a elasticidade da ironia não era nele uma força do universo porém um jogo a cuja flexibilidade precisa recorrer no momento culminante, na proporção inversa para se conservar pateticamente à sua própria altura[18].

Estas ligeiras indicações podem não se aplicar a Abraão, se, por alguma analogia, julgamos achar uma frase final que lhe seja conveniente, porém aplicam-se-lhe no caso de se entender a necessidade em que se encontra de se realizar no derradeiro instante, de não sacar a faca em silêncio, porém, de dizer algumas palavras, mesmo que, em sua posição de pai da fé, revista importância absoluta na ordem do espírito. Daquilo que ele deve dizer, não posso, com antecipação, fazer ideia; porém, desde que tenha falado, poderei indubitavelmente entender Abraão, sem que, por esse motivo, me achegue mais dele de que anteriormente. Se não houvesse uma última réplica de Sócrates, poderia, através do pensamento, pôr-me em seu lugar e formulá-la, e, se de tanto não fosse capaz, um poeta o poderia fazer; porém não há poeta que possa aproximar-se de Abraão.

Antes de passar ao exame de suas últimas palavras, tenho primeiro que sublinhar a dificuldade em que se acha de poder falar alguma coisa. A aflição e a angústia do paradoxo estão, já se evidenciou, no silêncio. Abraão não pode falar[19]. Existe, pois, contradição, ao requerer-se que o faça, a não ser que o livremos do paradoxo de maneira que o suspenda no instante decisivo, com o que ele deixa de ser Abraão e desfaz tudo o que o anteceda. Se, por exemplo, dissesse a Isaac no momento decisivo: "trata-se de ti", a frase evidenciaria um sinal de debilidade. Pois, se de um ou outro modo pode falar, deveria tê-lo feito muito antes, e agora esta debilidade consiste em apenas uma ausência de maturidade e de recolhimento espiritual, que o impede de pensar com antecedência em todo o seu sofrimento; subtrai-se a alguma coisa, de modo que a dor real se faz mais pesada do que a dor meditada. Em outros termos, uma frase semelhante põe-no fora do paradoxo e se, com efeito, deseja falar a Isaac, lhe é necessário transmudar o seu estado em crise; do contrário, nada pode falar, e, se o faz, nem mesmo é um herói trágico.

Entretanto, guardou-se uma última frase de Abraão, e se, de uma parte, posso entender o paradoxo, posso igualmente entender a sua total presença nessas palavras. Em primeiro lugar não fala absolutamente nada, é desse modo que exprime aquilo que tem a dizer. A sua resposta a Isaac assume a forma de ironia, pois é sempre ela que usa para expressar alguma coisa, sem, contudo, dizer seja o que for. Se Abraão tivesse respondido: "não sei nada", teria dito uma mentira. Não lhe compete falar seja o que for, pois não pode expressar aquilo que sabe. Portanto, somente responde: "Meu filho, Deus cuidará ele mesmo do cordeiro para o holocausto". Aqui deparamos o duplo movimento que se aguarda na alma de Abraão, como já foi mostrado. Se tivesse tão somente renunciado a Isaac sem realizar nada mais, teria expresso uma mensagem; pois sabe que Deus exige Isaac em holocausto, e que ele mesmo está, nesse instante, prestes a imolá-lo. A cada momento, após ter efetuado esse movimento, realizou, pois, o seguinte, o movimento da fé, em razão do absurdo. Nesta medida, não mente; pois, em razão do absurdo, pode ser que Deus faça uma coisa inteiramente diversa. Não diz portanto, uma mentira porém igualmente não diz outra coisa, pois que fala uma língua estranha. Isto se torna ainda mais claro quando refletimos que é o próprio Abraão que deve imolar Isaac. Se a tarefa houvesse sido diferente, se Deus tivesse mandado Abraão levar o filho à montanha de Morija para que aí o prostrasse com o seu raio, e deste modo o tomar em sacrifício, então Abraão teria motivo para recorrer à linguagem enigmática que usa; pois, em tal situação, não podia saber o que se ia passar. Mas Abraão deve ser ele próprio a proceder nas condições em que a tarefa lhe foi confiada; é, pois, preciso que conheça, no instante decisivo, o que está obrigado a fazer e, consequentemente, que Isaac tem de ser imolado. Se não o sabe com exatidão, não efetuou o movimento infinito da resignação e, indubitavelmente, não diz uma mentira, porém é um homem hesitante incapaz de tomar uma decisão e que, por consequência, será constrangido a falar de modo enigmático. Mas um semelhante homem que assim hesita constitui uma real caricatura do cavaleiro da fé.

Mesmo aqui se percebe que Abraão pode ser entendido, porém apenas como se entende o paradoxo. Posso, de minha parte, compreender Abraão, vejo, contudo, ao mesmo tempo, que não tenho a audácia de falar, e menos ainda de proceder como ele; entretanto, de modo algum desejo exprimir, com isto, que o seu procedimento seja medíocre, quando, ao contrário, é a única maravilha.

E como pensaram os contemporâneos do herói trágico? Que era grande e portanto foi admirado. E esse venerável agrupamento de nobres espíritos, esse júri que cada geração estabelece para avaliar a precedente, igualmente se pronunciou da mesma maneira. Não houve, porém, quem compreendesse Abraão. Entretanto, que foi que ele conseguiu? Conservar-se fiel ao seu amor. Contudo, aquele que ama Deus não precisa de lágrimas nem de admiração; olvida o sofrimento no amor, e tão inteiramente que não deixará depois de si o menor traço de dor, se não estivesse o mesmo Deus a lembrar-lhe; pois que vive no secreto, conhece a tribulação, conta as lágrimas e não olvida nada. Portanto, ou se estabelece o paradoxo de modo que o Indivíduo se acha como tal em relação com o absoluto, ou então Abraão está perdido.

# **Epílogo**

Tendo certa vez, na Holanda, caído excessivamente o preço das especiarias, os comerciantes fizeram atirar ao mar alguns carregamentos com o fito de fazê-lo subir novamente. Constitui isto uma pequena manobra perdoável e quiçá mesmo necessária. Necessitamos de idêntico processo no mundo do espírito? Estamos tão certos de ter atingido o cume que apenas nos resta imaginar, de modo piedoso, não o ter ainda atingido, para ter com que encher o tempo? É de semelhante modo que a geração atual precisa enganar-se a si mesma? É essa a virtude que lhe interessava atribuir-se? Ou quem sabe ainda não tenha alcançado a perfeição suficiente na arte de se iludir a si mesma? Ou aquilo de que necessita não é uma seriedade íntegra que, sem permitir-se assustar ou deixar-se corromper, aponta as missões a cumprir, uma seriedade íntegra, que vele amorosamente por essas missões, que não incite os homens, por meio do terror, a atirarem-se até o alto, porém, em lugar disso, mantenha as tarefas a serem cumpridas, frescas, belas, agradáveis à vista, atraentes aos olhos de todos, e entretanto com a dificuldade necessária para despertar o entusiasmo das naturezas nobres, pois uma nobre natureza apenas se inflama com o que é difícil? Uma geração pode aprender muito de outra, porém aquilo que é exatamente humano, nenhuma pode aprendê-lo daquela que a antecedeu. Sob este ponto de vista, cada geração reinicia como se se tratasse da primeira, nenhuma possui uma missão nova além da missão da anterior, e não vai mais longe, a não ser que tenha atraiçoado a sua obra, que se tenha iludido a si própria. O que eu denomino propriamente humano é a paixão, por meio da qual cada geração entende completamente a outra e se entende a si mesma. Deste modo, no que tange ao amor, nenhuma geração aprenderá a amar com outras, nenhuma principia senão no início, nenhuma geração ulterior possui missão mais breve do que a antecedente; e se não quer, como as anteriores, contentar-se de amar, e pretende ir mais longe, não passou de inúteis e censuráveis palavras.

Contudo, a mais elevada paixão do homem é a fé, e nenhuma geração principia aqui em ponto diverso da anterior, cada uma reinicia outra vez; a geração que a segue não vai mais distante que a anterior, se se manteve fiel à sua obra e não a deixou. Nenhuma possui o direito de afirmar que tal princípio seja cansativo, pois ela tem a sua missão e não tem que se ater com o fato de a precedente se ter ocupado do mesmo, a não ser que uma geração ou os indivíduos que a formam, queiram, de modo audacioso, tomar o lugar que pertence ao único Espírito que dirige o mundo, e que é bastante paciente para não sentir cansaço. Se uma geração demonstra esta audácia, nela existe alguma coisa de falso: não é de admirar, portanto, que o mundo se lhe apresente às avessas. Evidentemente não existe ninguém que veja o mundo às avessas, do mesmo modo que aquele alfaiate que, entrando vivo no céu, de lá contemplou o universo. Quando uma geração restringe-se a cuidar de sua missão, que é o mais importante, não pode sentir cansaço, pois que ela sempre basta para uma existência humana. Quando as crianças, em dia feriado, esgotaram antes de meio-dia todo o ciclo dos jogos e exclamam impacientemente: "não existe ninguém que invente um brinquedo novo?" isto vem provar que essas crianças estão mais desenvolvidas e mais adiantadas que aquelas da mesma geração anterior para as quais os brinquedos conhecidos eram suficientes para preencher um dia? Não prova isso, ao contrário, que as primeiras têm necessidade daquilo, que eu denominaria meiga seriedade, de que sempre se necessita para brincar?

A fé é a mais elevada paixão de qualquer homem. Talvez existam muitos homens de cada geração que não a atinjam, porém nenhuma vai mais além dela. Se se acham ou não muitos homens de nosso tempo que não a encontram, não posso resolver isso, pois somente me é permitida a referência a mim mesmo, e não devo esconder que me resta ainda muito por fazer, sem por esse motivo querer trair-me, ou trair a grandeza, reduzindo isto a um problema sem importância, a uma doença infantil, da qual se espera estar curado o mais rápido possível. Contudo, ainda para aquele que não chega até a fé, a vida implica suficientes encargos, e os aborda com sincero amor, a sua existência não será em vão, ainda que não possa ser comparada à existência daqueles que alcançaram e compreenderam o mais elevado. Contudo, aquele que chegou até a fé, e não importa nada que possua dons eminentes ou que seja uma alma comum, esse não para na fé; ficaria até indignado se o disséssemos, da mesma maneira que um amante se indignaria a escutar dizer que se detém no amor: não, detenho-me, retrucaria, pelo fato de que toda a minha vida se acha jogada aí. Não vai, entretanto, mais além, não passa a outra fase, porque assim que a descobre outra relação o solicita.

"É necessário ir mais além, é necessário ir mais além". Tal necessidade é velha na face da terra. O obscuro Heráclito, que colocou os seus pensamentos nos escritos, que depositou no Templo de Diana (pois os seus pensamentos tinham sido a sua armadura no curso da vida, por esse motivo os suspendeu no templo), o obscuro Heráclito afirmou: não é possível mergulhar-se duas vezes no mesmo rio. Heráclito possuía um discípulo: este não parou aí e por esse motivo foi mais distante ajuntando: nem mesmo uma só vez o podemos fazer. Infeliz Heráclito, que possui um tal discípulo! A sua frase foi, com esta correção, transmudada na fórmula eleática que nega o movimento: e entretanto esse discípulo apenas queria ser um discípulo de Heráclito, que fosse ainda mais distante do que o seu mestre e não retornasse àquilo que Heráclito tinha abandonado.

★ ★ ★

# Notas

[1] Antes se dizia: "Infelizmente a existência não é idêntica ao sermão do pastor"; talvez venha o tempo em que se diga: "Felizmente a existência não é como o sermão do pastor, porque a existência, apesar de tudo, possui algum senso, ao passo que o sermão não possui nenhum".

[2] *Para isso é preciso paixão. Todo o infinito realiza-se de modo apaixonado; a meditação não é possível de produzir qualquer movimento. É o salto perpétuo na vida que explica o movimento. A meditação é uma quimera que, em Hegel, deve explicar todas as coisas e que é, ao mesmo tempo, a única coisa que ele nunca tentou explicar.* Ainda para estabelecer a distinção socrática entre o que se entende e o que se não entende é necessário paixão e ainda com maior razão, naturalmente, para efetuar o movimento socrático propriamente dito: o da ignorância. Não é meditação que falta à nossa época porém, paixão. Desse modo o nosso tempo possui, de certa maneira, muita saúde para morrer pois o fato de morrer é um dos mais notáveis saltos que existem. Sempre apreciei certa estrofe de um poeta que, depois de cinco ou seis versos, de beleza plena de singeleza, onde ele deseja os bens da existência, conclui assim:

*Ein seliger Sprung in die Ewigkeit*

(Um salto bem-aventurado para a Eternidade)

[3] Lessing escreveu em algum lugar um pensamento idêntico seguindo de um ponto de vista puramente estético. Quer demonstrar, nesta passagem, que a tristeza também pode ser expressa por uma frase de espírito. Narra, com esse propósito, uma réplica do mal-aventurado Eduardo II de Inglaterra, em certa oportunidade. A ela contrapõe, segundo Diderot, a história e a inteligente resposta de uma aldeã. Após isso prossegue: "Também isto era espirituoso, além de que fora expresso por uma camponesa; porém as circunstâncias fizeram-no inevitável. Consequentemente não se deve buscar a razão de uma frase espirituosa despertada pelo sofrer ou pela tristeza, sob o pretexto de que

o seu autor era uma pessoa qualificada, bem-educada, inteligente e, além do mais, cheia de espírito; *pois as paixões fazem iguais todos os homens;* indubitavelmente este motivo consiste em que qualquer pessoa, em idênticas circunstâncias, teria falado a mesma coisa. Uma rainha poderia e deveria ter exarado o pensamento da camponesa; assim como as palavras do rei teriam podido ser pronunciadas por um. aldeão que não deixaria de as pronunciar".

(Sämmtl, W., vol. 30, p. 223).

[4] O exterior (a manifestação).

[5] O íntimo.

[6] Deixarei claro, ainda uma vez, a diferença de conflito do modo como se apresenta ao herói trágico e ao herói da fé. O primeiro certifica-se de que a obrigação moral está inteiramente presente em si mesma pelo fato de que a pode transmudar em desejo. Deste modo Agamemnon pode afirmar: "a prova de que não fujo ao meu dever paternal está em que o objeto de meu dever é o meu único desejo." Temos, aqui, dever e desejo um diante do outro. A venturosa oportunidade da vida é a concordância do desejo e do dever e de modo inverso; a missão da maior parte reside exatamente em ficar no dever, e em transmudá-lo, pelo entusiasmo, no desejo. O herói trágico renuncia ao desejo para dar cumprimento ao dever. Para o cavaleiro da fé desejo e dever são inteiramente semelhantes, porém acha-se na obrigação de renunciar a um e a outro. Deste modo, quando deseja resignar-se, renunciando ao desejo, não acha o descanso, pois ele mesmo é o objeto do dever. Se deseja ficar no dever e no desejo, não se torna o cavaleiro da fé; pois o dever absoluto exige exatamente que renuncie ao dever. O herói trágico exprime um dever superior, porém não absoluto.

[7] (Aristóteles, *Poética,* 1 542, p. 9 e 10).

[8] Tais movimentos e situações poderiam mesmo vir a ser assunto de estudos estéticos; ao contrário, deixo em suspenso a questão de conhecer em que proporção os da fé e de toda a vida religiosa podem se prestar a isso. Como

me sinto sempre satisfeito por expressar o meu reconhecimento a quem o merece, desejo simplesmente estender meu agradecimento a Lessing por algumas observações a respeito do drama cristão dadas em sua *"Hamburgische Dramaturgie"*. Contudo, ele dedicou a sua atenção ao aspecto estritamente divino desta existência (a vitória integral); também desesperou do sujeito. Quiçá tivesse julgado de modo diverso se estivesse mais atento ao aspecto puramente humano (*Theologia viatorum*). Indubitavelmente, as suas considerações são muito limitadas, até mesmo um tanto evasivas, porém como sempre, em todas as oportunidades, sinto-me feliz elogiando Lessing, aqui o faço sem demora. Lessing não foi apenas um dos cérebros mais compreensivos da Alemanha; não foi somente servido por uma incomum segurança de erudição, que faculta estribar-se confiantemente em suas análises, sem temor de ser iludido por citações desconexas, por frases compreendidas pela metade, tiradas de coleções duvidosas, ou ser desnorteado pela ruidosa publicação de novidades que os antigos tinham explicado muito melhor, ele teve concomitantemente o dom sumamente raro de explicar aquilo que compreendera. E nisso se conservou; em nossos dias vai-se mais adiante: explica-se aquilo que não se entendeu.

[9] A catástrofe histórica foi, de acordo com Aristóteles, o que segue: para a sua vingança, a família arranjou um vaso sagrado que pôs entre os pertences do noivo, que então foi condenado como ladrão sacrílego. Entretanto, pouca importância tem; pois não se cogita de saber se a família, vingando-se, deu provas de inteligência ou insânia; isto apenas tem valor na proporção em que decorre a dialética do herói. De resto, é muita fatalidade que o noivo se atire ao perigo querendo evitá-lo, recusando-se ao casamento, e que a sua existência entre duplamente em contato com o divino, antes pela predição dos sacerdotes, após pela sua condenação como ladrão de templos.

[10] Sob este critério, poderia ser seguido um outro movimento dialético. O céu profetizou-lhe uma desventura

provocada pelo casamento; poderia, pois, deixar de realizar a cerimônia sem renunciar à jovem, indo viver com ela em uma união romântica perfeitamente satisfatória para amantes. Este procedimento implica, contudo, uma ofensa a propósito da jovem, pois, embora amando-a, ele não exprime o geral. Contudo, existiria nisto um tema, quer para um poeta, quer para um moralista que defenda o casamento. A poesia, especialmente, se estivesse atenta ao religioso e ao caráter profundo da individualidade, acharia aí matéria muito mais rica do que esta em que presentemente se inspira. Sempre e incansavelmente escuta-se repetir a mesma história: um homem está unido a uma jovem que amou uma só vez e talvez jamais sinceramente, pois agora acha o seu ideal encarnado em outra. Um homem erra na vida; seguiu o caminho reto, porém enganou-se de casa, pois é em frente, no segundo andar, que reside o ideal: aí está, pode admitir-se, tema para uma poesia. Um amante enganou-se; viu a sua adorada à luz da lâmpada e pensou que possuísse cabelos castanhos, porém de dia ela é loura e é a irmã que encarna o ideal. Eis ainda novo tema para poesia. No meu entender, todo homem deste tipo é um Labão muito insuportável na vida, e merece ser vaiado quando deseja fazer qualquer coisa importante em poesia. Um conflito poético resulta somente do choque da paixão contra a paixão; não está na confusão dos pormenores no seio da mesma paixão. Na Idade Média, por exemplo, quando um jovem amante está convicto de que o amor na terra é um pecado e escolhe o amor celeste, resulta um conflito poético e a jovem é digna da poesia pois a sua existência está fundada na ideia.

[11] Seria possível igualmente tratar este conto de modo diverso. O tritão não deseja seduzir Inês, ainda que o faça como ensaio. Já não é um tritão, porém, se não se incomodam, um desgraçado de um tritão há muito tempo imerso com tristeza na profundidade dos seus domínios; sabe, entretanto, como diz o conto, que pode ser salvo graças ao amor de uma moça inocente; porém ele tem uma culposa consciência de sedutor e não pode aproximar-se de

nenhuma. Atira, então, os olhos para Inês. Frequentes vezes, oculto entre o junco, vira-a correndo pela margem. A sua beleza, a calma com que gosta de se ocupar de si mesma levam-no para ela; porém a melancolia mora em sua alma, não é conturbada por nenhum desejo selvagem. E quando o tritão mistura os seus suspiros ao sussurro do canavial, ela se põe a escuta, imóvel, mergulhada em sonhos, mais formosa do que qualquer outra mulher e contudo bela como um anjo redentor que desperta a confiança do tritão. Este adquire audácia, acerca-se de Inês, conquista o seu amor, espera redimir-se. Porém Inês não é uma jovem calma e ajuizada, ama demais o ruído do mar, e se o sussurro das águas tanto lhe comprazia era porque achava um eco poderoso em seu coração. Quer partir, partir de qualquer maneira. Deseja atirar-se ao infinito com o tritão que ama... e entretanto excita-o. Desprezou-lhe a humildade e por esse motivo fez-lhe nascer o orgulho. O mar brame, as vagas espumam, o tritão aperta Inês e arrasta-a para as profundezas. Jamais se sentira tão selvagem, tão violento em seus desejos, pois desta moça espera a salvação. Logo se cansa de Inês da qual, contudo, jamais alguém achou o cadáver, pois se transmudou em uma sereia que seduz os homens com seu cantar.

[12] Por vezes a estética cuida de assunto semelhante com sua costumeira fidalguia. Inês consegue salvar o tritão e tudo termina em um venturoso matrimônio. Um venturoso matrimônio! E muito simples. Em compensação, se a ética deve usar da palavra no curso da bênção nupcial, a questão assume, creio eu, um aspecto novo. A estética atira sobre o tritão o manto do amor e tudo se olvida. Ainda pressupõe, sem maiores complicações, que o casamento é idêntico a um leilão, onde cada objeto é arrematado no estado em que se acha ao correr do martelo. Somente cuida de atirar os amantes nos braços um do outro, sem se importar com o resto. E deveria preocupar-se com o que aconteceu depois, porém não dispõe de tempo para tanto, pois já se acha atarefada em preparar uma nova união. A

estética é a mais infiel de todas as ciências. Qualquer um que a tenha amado com verdadeiro amor, torna-se, de algum modo, infeliz; porém aquele que jamais foi atraído por ela, é e continuará sendo um *pecus*.

[13] A tudo quanto a precede, afastei criteriosamente qualquer consideração relativa ao problema do pecado e de sua realidade. Toda a discussão é referente a Abraão que eu posso, contudo, aproximar de categorias imediatas, contanto que, bem-entendido, me seja compreensível. Advindo o pecado, a moral cede ao tropeçar no arrependimento que é a expressão mais elevada da ética, embora seja a esse respeito a mais profunda contradição moral.

[14] Em nossa austera época já não se crê em tudo isso; porém é notável que no Paganismo por natureza mais superficial, menos dotado de reflexão, os dois representantes propriamente ditos do *conhece-te a ti mesmo* próprio da concepção grega da vida, mostraram, cada qual ao seu modo, que é necessário antes de tudo ingressar em si mesmo para descobrir a predisposição para o mal. Não é preciso dizer que me refiro a Pitágoras e a Sócrates.

[15] Carta de crédito para a felicidade.

[16] Eu, que sou de aspecto grosseiro e destituído do encanto dos amantes para me exibir diante de uma ninfa de porte lascivo; eu a quem a infiel natura privou dessas proporções e de qualquer beleza; deforme, inacabado, atirado no mundo antes do tempo e apenas semifeito; tão monstruoso e tão deselegante que mesmo os cães ladram quando me veem passar.

[17] Se não se deseja apoiar-se em um incrédulo, poderia ser escolhido personagem semelhante, um satírico, por exemplo, cujo penetrante olhar aprendeu o sentido ridículo da vida e ao qual uma oculta inteligência com as forças da vida instrui sobre os desejos do paciente. Sabe que possui o poder do riso; se nele se apoia está seguro da história e, o que mais importa, do aplauso. Sabe que se erguerá uma voz isolada que quererá tudo evitar, porém também sabe que é o mais forte; sabe que por momentos

pode fazer esperar a seriedade aos homens, porém que, secretamente, esperam o instante de rir com ele; sabe que se pode também, por um momento, consentir à mulher que esconde os olhos atrás do leque, enquanto feia, porém que ela está rindo atrás da máscara; sabe que o leque não é totalmente opaco, que nele se pode escrever com letra invisível; sabe que se uma mulher lhe bate levemente com o leque é porque o entendeu; sabe, sem hesitar, como o riso se insinua no homem e como nele se esconde; como, uma vez aí instalado, fica à espreita. Suponhamos este Aristófanes, este Voltaire ligeiramente modificado; pois que, é, igualmente, de uma nobreza simpática, ama a existência, os homens; e sabe que se a moralidade do riso pode salvar uma nova geração, igualmente pode causar a perda de uma legião de coetâneos. Conserva, pois, o silêncio, e tanto quanto pode, ele próprio esquece-se de rir. Deve calar-se, porém? Pode ser que muitos de modo algum compreendam a dificuldade a que me reporto. Acham digna de admiração a nobreza do seu silêncio. Esta não é a minha opinião; penso que toda a nobreza deste tipo, se não tem a grandeza de conservar o silêncio, é um traidor em relação a vida. Por isso igualmente reclamo a nobre audácia deste homem; porém quando a possua que fique em silêncio. A moral é ciência perigosa e pode acontecer que Aristófanes, pondo-se no estrito ponto de vista moral, se deliberasse a permitir que o riso fosse o juiz dos erros da época. A magnanimidade da estética não fornece qualquer ajuda; pois que não se arriscam tais coisas por esse valor. Se é preciso manter silêncio, é urgente estar no paradoxo. — Ainda uma ideia: um homem conhece o melancólico segredo que dá a explicação da vida do herói; entretanto, toda uma geração confia nesse herói, absolutamente, sem que desconfie de sua miséria.

[18] Que resposta de Sócrates se deve ter como decisiva? As opiniões podem dividir-se pois a poesia de Platão colocou Sócrates acima de nós de diferentes e variadas maneiras. Proponho o seguinte: a condenação à morte lhe

é anunciada; nesse exato momento morre e nesse exato momento triunfa da morte e completa-se ele mesmo na famosa declaração de que se *maravilha por ter sido condenado à morte por uma maioria de três votos*. Nenhum propósito frívolo de praça pública, nenhuma ridícula observação de um *idiota* podia ser de seu lado objeto de maior ironia que esta condenação à morte.

[19] Se houvesse possibilidade de buscar alguma analogia, seria preciso achá-la na situação em que Pitágoras acha a morte; pois este devia conservar até o derradeiro momento o silêncio que sempre conservava. É por esse motivo que diz: "Vale mais ser morto do que falar". Cf. Diógenes, livro VIII, § 39.

## Sobre o autor

Soren Kierkegaard nasceu em Copenhague (Dinamarca), em 5 de maio de 1813. Filho de um próspero comerciante luterano, extremamente religioso, estudou teologia e filosofia na Universidade de Copenhague.

Em 1837 conheceu Regine Olsen, a quem pediu em casamento mas posteriormente rompeu o compromisso. Partiu depois para Berlim, onde passou seis meses.

Seu trabalho como filósofo e escritor prolífico reúne ensaios, aforismos, parábolas, cartas fictícias, diários, boa parte publicada sob pseudônimos. Foi o precursor do existencialismo, considerado como a expressão da vida individual submetida a um profundo exame e não como a construção de um sistema monolítico à maneira de Hegel, cujo trabalho Kierkegaard criticou em seu *Concluding Unscientific Postscript*. Algumas de suas obras mais conhecidas são *Temor e tremor* (1843), O *conceito de angústia* (1844), *Migalhas filosóficas* (1844), O *desespero humano* (1849), entre outras.

Em outubro de 1855, Kierkegaard sofreu uma queda na rua que ocasionou paralisia nas pernas. No mês seguinte faleceu, em Copenhague.

## Conheça outros títulos da Coleção Saraiva de Bolso

1. *Dom Casmurro*, Machado de Assis
2. *O príncipe*, Nicolau Maquiavel
3. *A arte da guerra*, Sun Tzu
4. *A República*, Platão
5. *Assassinato no Expresso do Oriente*, Agatha Christie
6. *Memórias de um sargento de milícias*, Manuel Antônio de Almeida
7. *Memórias póstumas de Brás Cubas*, Machado de Assis
8. *Discurso do método*, René Descartes
9. *Do contrato social*, Jean-Jacques Rousseau
10. *Orgulho e preconceito*, Jane Austen
11. *Cai o pano*, Agatha Christie
12. *Seus trinta melhores contos*, Machado de Assis
13. *A náusea*, Jean-Paul Sartre
14. *Hamlet*, William Shakespeare
15. *O Manifesto Comunista*, Karl Marx e Friedrich Engels
16. *Morte em Veneza*, Thomas Mann
17. *O cortiço*, Aluísio Azevedo
18. *Orlando*, Virginia Woolf
19. *Ilíada*, Homero
20. *Odisseia*, Homero
21. *Os sertões*, Euclides da Cunha
22. *Antologia poética*, Fernando Pessoa
23. *A política*, Aristóteles
24. *Poliana*, Eleanor H. Porter
25. *Romeu e Julieta*, William Shakespeare
26. *Iracema*, José de Alencar
27. *Apologia de Sócrates*, Platão
28. *Como vejo o mundo*, Albert Einstein
29. *A consciência de Zeno*, Italo Svevo
30. *A vida como ela é...*, Nelson Rodrigues
31. *Madame Bovary*, Gustave Flaubert
32. *O anticristo*, Friedrich Nietzsche
33. *Razão e sentimento*, Jane Austen
34. *Senhora*, José de Alencar

35. *O primeiro homem*, Albert Camus
36. *Kama Sutra*, Vatsyayana
37. *Esaú e Jacó*, Machado de Assis
38. *O profeta*, Khalil Gibran
39. *Dos delitos e das penas*, Cesare Beccaria
40. *Elogio da loucura*, Erasmo de Roterdã
41. *Sobre a liberdade*, John Stuart Mill
42. *Ecce homo*, Friedrich Nietzsche
43. *Emma*, Jane Austen
44. *Histórias extraordinárias*, Edgar Allan Poe
45. *Macbeth*, William Shakespeare
46. *O senhor das moscas*, William Golding
47. *Poemas completos de Alberto Caeiro*, heterônimo de Fernando Pessoa
48. *Triste fim de Policarpo Quaresma*, Lima Barreto
49. *Papéis avulsos*, Machado de Assis
50. *Rei Lear*, William Shakespeare
51. *Drácula*, Bram Stoker
52. *A metamorfose*, Franz Kafka
53. *O processo*, Franz Kafka
54. *A Utopia*, Thomas Morus
55. *Morte na Mesopotâmia*, Agatha Christie
56. *O médico e o monstro*, Robert Louis Stevenson
57. *Antologia pornográfica: de Gregório de Mattos a Glauco Mattoso*, Alexei Bueno
58. *A tempestade*, William Shakespeare
59. *O primo Basílio*, Eça de Queirós
60. *O mercador de Veneza*, William Shakespeare
61. *Otelo, o Mouro de Veneza*, William Shakespeare
62. *Quincas Borba*, Machado de Assis
63. *Mrs. Dalloway*, Virginia Woolf
64. *A hora e vez de Augusto Matraga*, João Guimarães Rosa
65. *O deserto dos tártaros*, Dino Buzzati
66. *Histórias da meia-noite*, Machado de Assis
67. *Doutor Fausto*, Thomas Mann
68. *Os elefantes não esquecem*, Agatha Christie
69. *O Ateneu*, Raul Pompeia

70. *O Morro dos Ventos Uivantes*, Emily Brontë
71. *Frankenstein ou o Prometeu moderno*, Mary Shelley
72. *Lucíola*, José de Alencar
73. *A montanha mágica*, Thomas Mann
74. *Nações e nacionalismo desde 1780*, Eric J. Hobsbawm
75. *Poliana moça*, Eleanor H. Porter
76. *Várias histórias*, Machado de Assis
77. *O banquete*, Platão
78. *A comédia dos erros*, William Shakespeare
79. *Feliz Ano Novo*, Rubem Fonseca
80. *O universo numa casca de noz*, Stephen Hawking
81. *Auto da Compadecida*, Ariano Suassuna
82. *A megera domada*, William Shakespeare
83. *A alma encantadora das ruas*, João do Rio
84. *Hitler – vol. 1*, Joachim Fest
85. *Hitler – vol. 2*, Joachim Fest
86. *Memórias, sonhos, reflexões*, Carl Gustav Jung
87. *A invenção das tradições*, Eric Hobsbawm e Terence Ranger
88. *Pedagogia do oprimido*, Paulo Freire
89. *Introdução à história da filosofia*, Georg Wilhelm Friedrich Hegel
90. *Eu e outras poesias*, Augusto dos Anjos
91. *As flores do mal*, Charles Baudelaire
92. *Memórias da Segunda Guerra Mundial – vol. 1*, Winston S. Churchill
93. *Memórias da Segunda Guerra Mundial – vol. 2*, Winston S. Churchill
94. *A idade da razão*, Jean-Paul Sartre
95. *O rinoceronte*, Eugène Ionesco
96. *Assim falava Zaratustra*, Friedrich Nietzsche
97. *Um corpo na biblioteca*, Agatha Christie
98. *A mão e a luva*, Machado de Assis
99. *Vastas emoções e pensamentos imperfeitos*, Rubem Fonseca
100. *Sagarana*, João Guimarães Rosa
101. *Os Cantos – vol. 1*, Ezra Pound
102. *Os Cantos – vol. 2*, Ezra Pound
103. *História da morte no Ocidente*, Philippe Ariès
104. *O amante da China do Norte*, Marguerite Duras
105. *Noite na taverna e Macário*, Álvares de Azevedo
106. *Sonho de uma noite de verão*, William Shakespeare

107. *Contos novos*, Mário de Andrade
108. *Com a morte na alma*, Jean-Paul Sartre
109. *A câmara clara*, Roland Barthes
110. *Antologia poética*, Gregório de Matos
111. *Til*, José de Alencar
112. *Poemas de Álvaro de Campos*, heterônimo de Fernando Pessoa
113. *Diário de um ladrão*, Jean Genet
114. *Espumas flutuantes*, Castro Alves
115. *Agosto*, Rubem Fonseca
116. *A conquista da felicidade*, Bertrand Russell
117. *Do mundo como vontade e representação*, Arthur Schopenhauer
118. *Recordações do escrivão Isaías Caminha*, Lima Barreto
119. *A cidade e as serras*, Eça de Queirós
120. *Macunaíma, o herói sem nenhum caráter*, Mário de Andrade
121. *A Moreninha*, Joaquim Manuel de Macedo
122. *O muro*, Jean-Paul Sartre
123. *A cerimônia do adeus*, Simone de Beauvoir
124. *Onde andará Dulce Veiga?*, Caio Fernando Abreu
125. *Viagens na minha terra*, Almeida Garrett
126. *Temor e tremor*, Soren Kierkegaard

Este livro foi impresso
em papéis autossustentáveis da International Paper.
O papel da capa é cartão 250g/m²
e o do miolo é chambril avena 80g/m².